A. JOANNIDÈS

LA COMÉDIE-FRANÇAISE

1916

PARIS
LIBRAIRIE PLON
PLON-NOURRIT ET Cie, IMPRIMEURS-ÉDITEURS
RUE GARANCIÈRE, 8

1917

Cet ouvrage a été tiré à 150 exemplaires numérotés à la presse, dont 16 exemplaires sur papier de Hollande, numérotés 1 à 16.

Exemplaire N°

LA

COMÉDIE-FRANÇAISE

1916

DU MÊME AUTEUR

La Comédie-Française de 1680 à 1900. (Dictionnaire général des pièces et des auteurs.) Avec une préface de Jules Claretie. 1901. Un volume grand in-8° tiré à 250 exemplaires numérotés à la presse. *(Épuisé.)* . . . . 50 fr.

La Comédie-Française. (Publication annuelle, 1901-1915, avec préfaces de G. Monval, J. Truffier, L. Leloir, Coquelin cadet, Un Vieil Amateur, P. Laugier.) Chaque année, un volume grand in-8°. . . . . 7 fr. 50

Relevé des représentations de Mounet-Sully à la Comédie-Française. Une plaquette grand in-8° . . . . 5 fr.

PARIS. TYPOGRAPHIE PLON-NOURRIT ET Cie, RUE GARANCIÈRE, 8. — 22297.

A. JOANNIDÈS

LA
COMÉDIE-FRANÇAISE
1916

PARIS
LIBRAIRIE PLON
PLON-NOURRIT ET Cie, IMPRIMEURS-ÉDITEURS
RUE GARANCIÈRE, 8

1917

A

RÉGIS GIGNOUX

Hommage très cordial.

A. J.

LA

COMÉDIE-FRANÇAISE

1916

Administrateur général (1)

M. E. Fabre (2 Décembre 1915).

Comité d'administration

Président : M. E. Fabre.

Membres titulaires : MM. Mounet-Sully, Silvain, de Féraudy, Albert-Lambert, P. Mounet, Berr, Leitner (2).

Membres suppléants : MM. Leitner (3), Duflos, Dehelly (4).

Secrétaire : M. J. Couët.

Commission de lecture

Président : M. E. Fabre.

Membres titulaires : MM. Mounet-Sully, Silvain, de Féraudy, Albert-Lambert, P. Mounet, Berr, Leitner (5), Duflos, Croué; Mmes Bartet, Pierson.

Membres suppléants : M. Siblot; Mme Lara.

Secrétaire : M. J. Couët.

Directeur des études classiques : M. J. Truffier.

Lecteurs : MM. E. Noël, E. Blavet.

Secrétaire général : M. G. Ricou (6).

(1) Rappelons, que pour des raisons d'ordre militaire, M. A. Carré avait demandé, à la fin de l'année 1915, d'être relevé, pendant toute la durée de la guerre, de ses fonctions d'Administrateur général.

(2, 3, 4) M. Leitner est devenu Membre titulaire du Comité d'administration après la mort de Mounet-Sully. A la même époque M. Dehelly a été nommé Membre suppléant.

(5) M. Leitner est devenu Membre titulaire de la Commission de lecture à la mort de Mounet-Sully.

(6) M. G. Ricou étant mobilisé depuis le commencement de la guerre, M. Duberry, en plus de ses fonctions de contrôleur général, a rempli le poste de secrétaire général.

Contrôleur général : M. E. Duberry.
Bibliothécaire-archiviste : M. J. Coüet.
Archiviste adjoint : M. J. Monval.
Caissier : M. Toussaint.
Régisseur général : M. L. Morière.
Contrôleur en chef : M. Courcier.
Chef de la musique : M. O. Letorey.
Chef machiniste : M. Nicoulès.

Conseil judiciaire

MM. H. Du Buit, avocat à la Cour.
J. Lesguillier, notaire.
R. Giry, avoué.
P. Dufourmantelle, avocat au Conseil d'État et à la Cour de cassation.
Henri-Robert, bâtonnier de l'ordre des avocats.
G. Mérandon, avoué à la Cour.
G. Claretie, avocat à la Cour.
L. Hardy, agréé.
P. Donon, notaire honoraire.
M. Girard, ancien agréé.

SOCIÉTAIRES

Messieurs

Albert-Lambert fils (R.). Débute le 17 Septembre 1885, dans *Ruy Blas*, rôle de Ruy Blas. Nommé sociétaire le 14 Février 1891, à compter du 1er Janvier 1891. Part, depuis le 1er Janvier 1904, douze douzièmes.

Bernard (L.). Débute le 7 Août 1910, dans *Les Romanesques,* rôle de Bergamin. Nommé sociétaire le 2 Janvier 1914, à compter du 1er Janvier 1914. Part, en 1916, quatre douzièmes et demi.

Berr (G.). Débute le 13 Septembre 1886, dans *Les Plaideurs*, rôle de l'Intimé. Nommé sociétaire le 12 Janvier 1893, à compter du 1er Janvier 1893. Part, depuis le 1er Janvier 1910, douze douzièmes.

Brunot (A.). Débute le 25 Septembre 1903, dans *Les Précieuses ridicules*, rôle de Mascarille. Nommé sociétaire le 20 Décembre 1909, à compter du 1er Janvier 1910. Part, en 1916, quatre douzièmes et demi.

Croué (J.). Débute le 6 Septembre 1899, dans *Ruy Blas*, rôle du marquis de

Priégo. Nommé sociétaire le 2 Janvier 1914, à compter du 1er Janvier 1914. Part, en 1916, quatre douzièmes et demi.

Dehelly (E.). Débute le 5 Décembre 1890, dans *L'École des femmes*, rôle d'Horace. Nommé sociétaire le 24 Décembre 1902, à compter du 1er Janvier 1903. Part, en 1916, huit douzièmes.

Delaunay (L.) (1). Débute le 17 Mai 1896, dans *Le Misanthrope*, rôle d'Alceste. Nommé sociétaire le 19 Décembre 1904, à compter du 1er Janvier 1905. Part, en 1916, six douzièmes.

Dessonnes (M.). Débute le 11 Octobre 1899, dans *Froufrou*, rôle de Paul de Valréas. Nommé sociétaire le 20 Décembre 1909, à compter du 1er Janvier 1910. Part, en 1916, quatre douzièmes et demi.

Duflos (R.). Débute le 4 Novembre 1884, dans *Hernani*, rôle de Don Carlos. Quitte la Comédie-Française en 1887, y rentre le 19 Décembre 1894. Nommé sociétaire le 31 Janvier 1896, à compter du 1er Janvier 1896. Part, en 1916, dix douzièmes.

Fenoux (J.). Débute le 11 Décembre 1895, dans *Andromaque*, rôle d'Oreste. Nommé sociétaire le 6 Février 1906, à compter du 1er Janvier 1906. Part, en 1916, six douzièmes et demi.

Féraudy (M. de). Débute le 17 Septembre 1880, dans *Amphitryon*, rôle de Sosie. Nommé sociétaire le 12 Janvier 1887, à compter du 1er Janvier 1887. Part, depuis le 1er Janvier 1896, douze douzièmes.

Grand (G.). Débute le 2 Avril 1906, dans *Paraître*, rôle de Jean Raidzell. Nommé sociétaire le 23 Décembre 1907, à compter du 1er Janvier 1908. Part, en 1916, dix douzièmes.

Leitner (J.). Débute le 31 Août 1887, dans *Hernani*, rôle de Don Carlos. Nommé sociétaire le 31 Janvier 1896, à compter du 1er Janvier 1896. Part, en 1916, huit douzièmes et demi.

Mayer (H.). Débute le 21 Mai 1901, dans *Le Bonheur qui passe*, rôle de Paul. Nommé sociétaire le 19 Décembre 1904, à compter du 1er Janvier 1905. Part, en 1916, sept douzièmes.

Mounet (P.). Débute le 15 Juillet 1889, dans *Ruy Blas*, rôle de Don Salluste de Bazan. Nommé sociétaire le 14 Février 1891, à compter du 1er Janvier 1891. Part, depuis le 1er Janvier 1904, douze douzièmes.

Mounet-Sully (J.) (2). Débute le 4 Juillet 1872, dans *Andromaque*, rôle d'Oreste. Nommé sociétaire le 18 Novembre 1873, à compter du 1er Janvier 1874.

(1) M. Delaunay a joué pour la dernière fois le 29 Février (*La Fontaine de Jouvence*, rôle d'Archis).

(2) Mounet-Sully a joué pour la dernière fois le 31 Juillet 1915 (*La Nuit d'Octobre*, rôle du Poète). Voir « Nécrologie ».

Doyen de la Comédie-Française depuis 1894. Part, depuis le 1er Janvier 1882, douze douzièmes.

Siblot (C.). Débute le 11 Juillet 1903, dans *Le Mariage forcé*, rôle d'Alcantor. Nommé sociétaire le 21 Décembre 1908, à compter du 1er Janvier 1909. Part, en 1916, cinq douzièmes.

Silvain (E.). Débute le 7 Mai 1878, dans *Phèdre*, rôle de Thésée. Nommé sociétaire le 14 Décembre 1882, à compter du 1er Janvier 1883. Doyen de la Comédie-Française depuis Mars 1916. Part, depuis le 1er Janvier 1895, douze douzièmes.

Mesdames

Bartet (J.). Débute le 16 Février 1880, dans *Daniel Rochat*, rôle de Miss Léa Henderson. Nommée sociétaire le 24 Décembre 1880, à compter du 1er Janvier 1881. Part, depuis le 1er Janvier 1886, douze douzièmes.

Cerny (B.). Débute le 2 Avril 1906, dans *Paraître*, rôle de Christiane Margès. Nommée sociétaire le 21 Décembre 1908, à compter du 1er Janvier 1909. Part, en 1916, dix douzièmes.

Delvair (J.). Débute le 22 Décembre 1899, dans *Andromaque*, rôle d'Hermione. Nommée sociétaire le 20 Décembre 1909, à compter du 1er Janvier 1910. Part, en 1916, quatre douzièmes et demi.

Kolb (T.). Débute le 9 Décembre 1898, dans *Tartuffe*, rôle de Dorine. Nommée sociétaire le 23 Décembre 1903, à compter du 1er Janvier 1904. Part, en 1916, six douzièmes et demi.

Lara (L.). Débute le 22 Septembre 1896, dans *Le Monde où l'on s'ennuie*, rôle de Suzanne de Villiers. Nommée sociétaire le 1er Mars 1899, à compter du 1er Janvier 1899. Part, en 1916, neuf douzièmes et demi.

Leconte (M.). Débute le 9 Septembre 1897, dans *La Vie de Bohème*, rôle de Mimi. Nommée sociétaire le 24 Décembre 1902, à compter du 1er Janvier 1903. Part, depuis le 1er Janvier 1913, douze douzièmes.

Piérat (M.). Débute le 22 Décembre 1902, dans *L'Autre danger*, rôle de Madeleine. Nommée sociétaire le 19 Décembre 1904, à compter du 1er Janvier 1905. Part, en 1916, dix douzièmes et demi.

Pierson (B.). Débute le 17 Mars 1884, dans *L'Étrangère*, rôle de Mistress Clarkson. Nommée sociétaire le 22 Décembre 1885, à compter du 1er Janvier 1886. Part, depuis le 1er Janvier 1893, douze douzièmes.

Roch (M.). Débute le 15 Février 1903, dans *Andromaque*, rôle d'Hermione. Nommée sociétaire le 12 Février 1912, à compter du 1er Janvier 1912. Part, en 1916, quatre douzièmes et demi.

Silvain (L.). Débute le 11 Janvier 1901, dans *Horace,* rôle de Camille. Nommée sociétaire le 20 Décembre 1909, à compter du 1er Janvier 1910. Part, en 1916, quatre douzièmes et demi.

Sorel (C.). Débute le 17 Juillet 1901, dans *Les Effrontés,* rôle de la Marquise d'Auberive. Nommée sociétaire le 23 Décembre 1903, à compter du 1er Janvier 1904. Part, en 1916, dix douzièmes.

Weber (C. E.). Débute le 31 Août 1887, dans *Hernani,* rôle de Doña Sol de Silva. Quitte la Comédie-Française en 1888, y rentre le 3 Décembre 1900. Nommée sociétaire le 4 Mars 1902, à compter du 1er Janvier 1902. Part, depuis le 1er Janvier 1910, douze douzièmes.

PENSIONNAIRES

Messieurs

Alexandre (R.). Débute le 13 Décembre 1908, dans *Andromaque,* rôle de Pyrrhus.

Denis d'Inès (J.). Débute le 12 Juillet 1914, dans *Le Prince charmant,* rôle de Loucle.

Falconnier (P.). Débute le 12 Mai 1883, dans *Les Demoiselles de Saint-Cyr,* rôle d'un Exempt.

Fontaine (C.). Débute le 3 Novembre 1913, dans *Bérénice,* rôle de Titus.

Fresnay (P.). Débute le 1er Septembre 1915, dans *Le Jeu de l'amour et du hasard,* rôle de Mario.

Gaillard (R.). Débute le 17 Mars 1916, dans *Britannicus,* rôle de Britannicus.

Gerbault (P.-F.). Débute le 31 Juillet 1910, dans *Ruy Blas,* rôle du Comte de Camporeal.

Granval (C.-L.). Débute le 11 Décembre 1904, dans *Le Legs,* rôle du Chevalier.

Guilhène (J.). Débute le 23 Août 1908, dans *Les Folies amoureuses,* rôle d'Éraste.

Hiéronimus (R.). Débute le 2 Septembre 1916, dans *Les Affaires sont les affaires,* rôle du Garçon jardinier.

Lafon (M.-G.). Débute le 4 Août 1907, dans *Ruy Blas,* rôle du Marquis del Basto.

Lehmann (M.). Débute le 8 Septembre 1916, dans *L'Ami des femmes,* rôle de de Simerose.

Le Roy (G.). Débute le 13 Décembre 1908, dans *Andromaque*, rôle d'Oreste.

Max (E. de) (1). Débute le 31 Décembre 1915, dans *Britannicus*, rôle de Néron.

Numa (P.). Débute le 10 Janvier 1906, dans *Le Cœur a ses raisons...*, rôle de Lucien de Jullianges.

Polack (A.). Débute le 25 Décembre 1914, dans *La Fille de Roland*, rôle de Hardré.

Ravet (H.). Débute le 18 Juin 1899, dans *Hernani*, rôle de Don Matias.

Rocher (R.). Débute le 6 Janvier 1916, dans *Polyphème*, rôle d'Acis.

Mesdames

Bovy (B.). Débute le 13 Mai 1907, dans *Monsieur Alphonse*, rôle d'Adrienne.

Boyer (R.). Débute le 2 Décembre 1887, dans *Le Légataire universel*, rôle de Lisette.

Bretty (B.). Débute le 7 Février 1915, dans *Le Dépit amoureux*, rôle de Marinette.

Chauveron (A. de). Débute le 9 Octobre 1911, dans *Primerose*, rôle de la Comtesse de Plelan.

Colonna Romano (G.). Débute le 6 Juin 1913, dans *Une Frondeuse chez Corneille*, rôle de la Duchesse de Longueville.

Damaury (S.). Débute le 18 Février 1915, dans *La Vraie farce de maître Pathelin*, rôle de la Comédie.

Devoyod (S.). Débute le 24 Septembre 1907, dans *Notre jeunesse*, rôle d'Hélène Briant.

Ducos (Y.). Débute le 9 Septembre 1911, dans *Phèdre*, rôle d'Ismène.

Duflos (H.). Débute le 11 Novembre 1915, dans *Socrate et sa femme*, rôle de Myrrhine.

Dussane (B.). Débute le 25 Septembre 1903, dans *Le Malade imaginaire*, rôle de Toinette.

Dux (E.). Débute le 21 Décembre 1915, dans *Le Dédale*, rôle de Mme de Pogis.

Even (J.). Débute le 12 Janvier 1911, dans *Le Médecin malgré lui*, rôle de Martine.

Faber (J.). Débute le 11 Août 1910, dans *Les Précieuses ridicules*, rôle de Madelon.

Fayolle (M.). Débute le 18 Septembre 1876, dans *Gabrielle*, rôle de Gabrielle.

Garay-Myriel (R.). Débute le 8 Avril 1915, dans *Zaïre*, rôle de Fatime.

(1) Voir « Faits et événements importants », page 23.

GUINTINI (C.). Débute le 27 Juin 1915, dans *Britannicus*, rôle de Junie.

LHERBAY. Débute le 7 Janvier 1901, dans *Adrienne Lecouvreur*, rôle d'une Femme de chambre.

LIFRAUD (Y.) (1). Débute le 24 Octobre 1907, dans *L'École des femmes*, rôle d'Agnès.

MAILLE (V.). Débute le 14 Décembre 1904, dans *Phèdre*, rôle d'Aricie.

NIZAN (E.). Débute le 3 Octobre 1915, dans *La Marche nuptiale*, rôle de Mariette de Plessans.

RÉMY (J.). Débute le 29 Octobre 1911, dans *Le Malade imaginaire*, rôle d'Angélique.

ROBINNE (G.). Débute le 1er Janvier 1907, dans *L'Anglais tel qu'on le parle*, rôle de Betty.

VALPREUX (C.). Débute le 9 Mars 1914, dans *Georgette Lemeunier*, rôle de Georgette.

CORYPHÉES

MESSIEURS

CHAIZE. Débute le 19 Août 1909, dans *Ruy Blas*, rôle d'un Alguazil.

DUFRESNE (M.). Débute le 1er Novembre 1911, dans *Les Fausses confidences*, rôle d'un Garçon joaillier.

MADAME

ROUSSEL. Débute le 15 Décembre 1912, dans *Le Bon roi Dagobert*, rôle d'une Esclave.

SOCIÉTAIRES

(Par rang d'ancienneté.)

MM. MOUNET-SULLY, SILVAIN, DE FÉRAUDY, ALBERT-LAMBERT, P. MOUNET, BERR, LEITNER, DUFLOS, DEHELLY, DELAUNAY, MAYER, FENOUX, GRAND, SIBLOT, DESSONNES, BRUNOT, CROUÉ, BERNARD.

Mmes BARTET, PIERSON, LARA, WEBER, LECONTE, KOLB, SOREL, PIÉRAT, CERNY, DELVAIR, L. SILVAIN, ROCH.

(1) Mme Lifraud a joué pour la dernière fois le 17 Septembre (*Le Mariage de Figaro*, rôle de Fanchette). Voir « Nécrologie ».

PENSIONNAIRES

(Par rang d'ancienneté.)

MM. Falconnier, Ravet, Granval, Numa, Lafon, Alexandre, Guilhène, Le Roy, Gerbault, Fontaine, Denis d'Inès, Polack, Fresnay, de Max, Rocher, Gaillard, Hiéronimus, Lehmann.

Mmes Fayolle, Boyer, Dussane, Maille, Robinne, Bovy, Devoyod, Lifraud, Faber, Lherbay, Even, Ducos, de Chauveron, Rémy, Colonna Romano, Valpreux, Damaury, Bretty, Guintini, Garay-Myriel, Nizan, Duflos, Dux.

CORYPHÉES

(Par rang d'ancienneté.)

MM. Chaize, Dufresne.

Mme Roussel.

SOCIÉTAIRES RETRAITÉS

MM. Baillet (15 Janvier 1908), Boucher (1er Mai 1901), Delaunay (1er Mars 1916), Febvre (1er Juillet 1893), La Roche (1er Avril 1893), Le Bargy (1er Janvier 1912), Prud'hon (1er Décembre 1901), Truffier (1er Janvier 1914).

Mmes Barretta (1er Janvier 1902), Broisat (31 Décembre 1894), Dudlay (15 Janvier 1908), du Minil (1) (1er Janvier 1916), Kalb (1er Janvier 1906), Lafontaine (1er Septembre 1871), Marsy (1er Janvier 1901), Müller (1er Janvier 1909), Reichenberg (31 Janvier 1898).

(1) Lettre adressée par Mlle du Minil au directeur du journal *Les Deux Masques* :

« Lundi, 10 janvier 1916.

« Monsieur,

« Dans votre intéressant numéro des *Deux Masques*, du dimanche 9 janvier, je lis un entrefilet me concernant.

« Tout en vous remerciant des « regrets » que vous voulez bien exprimer au sujet de mon départ de la Comédie, je viens vous signaler votre erreur, « cette retraite prématurée » n'est point de mon fait, mais vient du Comité et du Ministre, qui ont ainsi récompensé vingt-neuf ans de « bons et loyaux services » (comme vous voulez bien nommer ma carrière à la Maison de Molière).

« Voulez-vous publier ma rectification dans votre numéro prochain, car je ne crains rien de cette vérité. La nouvelle génération saura se défendre et, aussi, s'abstenir de suivre mon exemple de dévouement, voyant ce qu'on en récolte.

« Croyez, Monsieur, en mes sentiments les plus distingués.

« Renée du Minil.

« Professeur au Conservatoire. »

ANCIENNES SOCIÉTAIRES

Mmes Sarah Bernhardt. (Quitte la Comédie-Française le 18 Avril 1880.)

Brandès. (Joue pour la dernière fois à la Comédie-Française le 4 Janvier 1903.)

Géniat. (Joue pour la dernière fois à la Comédie-Française le 8 Janvier 1913.)

PREMIÈRES REPRÉSENTATIONS

La Soubrette de Molière (1), par Blémont. . . . . 15 Janvier.
La Figurante (2), par de Curel. . . . . 9 Février.
L'Augusta, par Fauchois. . . . . 17 Février.
L'Humble offrande, par Rivoire. . . . . 4 Mars.
Shakespeare chez Molière, par Aicard. . . . . 18 Mai.
Shakespeare et Cervantès, par Haraucourt. . . . . 18 Mai.
Les Disputes de la Saint-Jean, par Berr et Truffier. . . . . 18 Mai.
Le Mariage de Hoche, par Aderer. . . . . 13 Juin (3).
Les Deux gloires, par Wolff. . . . . 30 Juin (4).
Le Passe-montagne (5), par Girette. . . . . 16 Septembre.
La Course du flambeau (6), par Hervieu. . . . . 25 Octobre.

(1) Cette poésie fut récitée pour la première fois au théâtre de l'Odéon, le 15 Janvier 1897, par Mlle Kolb.

(2) Cette pièce fut représentée pour la première fois au théâtre de la Renaissance, le 5 Mars 1896, avec la distribution suivante : *Henri de Renneval*, M. Guitry. — *Théodore de Monneville*, M. Antoine. — *Hélène de Monneville*, Mme Legault. — *Françoise de Renneval*, Mlle Thomsen. — *Mme Guillerand*, Mme M. Caron.

26 représentations. (*Almanach des spectacles*, de M. A. Soubies.)

(3) Antérieurement cette pièce fut représentée à une matinée à bénéfice, donnée à la Comédie-Française.

(4) Antérieurement cette pièce fut représentée à une matinée à bénéfice, donnée à la Comédie-Française.

(5) Cette pièce fut représentée, avec la même distribution qu'à la Comédie-Française, à une matinée de bienfaisance, donnée au mois de Mai 1916, dans la salle de la Société des Ingénieurs civils de France.

(6) Cette pièce fut représentée pour la première fois au théâtre du Vaudeville, le 17 Avril 1901, avec la distribution suivante : *Maravon*, M. Lérand. — *Stangy*, M. G. Dubosc. — *Le Docteur*, M. Nertann. — *Didier Maravon*, M. P. Numa. — *Gribert*, M. Leubas. — *Jirbin*, M. Mauloy. — *Constant*, M. Prika. — *Sabine Revel*, Mme Réjane. — *Mme Fontenais*, Mme Daynes-Grassot. — *Mme Panthionne*, Mme J. Darcourt. — *Marie-Jeanne*, Mlle Bernou. — *Léonie*, Mlle Dorville. — *Mme Gribert*, Mlle Morlet. — *Jenny*, Mlle Viarny. — *Béatrice*, Mlle Lucienne.

67 représentations au théâtre du Vaudeville, 46 représentations au théâtre Réjane. (*Almanach des spectacles*, de M. A. Soubies.)

In memoriam, par GREGH. . . . . 25 Octobre.
Cantate aux morts, par SAINT-GEORGES DE BOUHÉLIER. . . . . 9 Novembre.
Les Nouveaux pauvres, par FONSON. . . . . 27 Novembre.

DÉBUTS

M. ROCHER. — *Polyphème*. (Acis.). . . . . 6 Janvier.
M. GAILLARD. — *Britannicus*. (Britannicus.). . . . . 17 Mars.
M. HIÉRONIMUS. — *Les Affaires sont les affaires*. (Le Garçon jardinier.) . . . . 2 Septembre.
M. LEHMANN. — *L'Ami des femmes*. (De Simerose.). . . . . 8 Septembre.

DIVORCE

M. ALBERT-LAMBERT fils. — Mme J. ESQUIER. . . . . Juillet.

NÉCROLOGIE

MOUNET-SULLY . . . . 1er Mars.
Mlle R. ROUSSEIL. . . . . 8 Juin.
Mme Y. LIFRAUD . . . . 26 Septembre.
F. FEBVRE. . . . . 15 Décembre.

PIÈCES REÇUES PAR LA COMMISSION DE LECTURE

L'Humble offrande, par A. RIVOIRE. . . . . 26 Janvier.
Les Deux gloires, par P. WOLFF. . . . . 31 Mai.
Le Mariage de Hoche, par A. ADERER. . . . . 31 Mai.
Les Nouveaux pauvres, par J.-F. FONSON. . . . . 31 Mai.
Le Passe-montagne, par M. GIRETTE . . . . 24 Juillet.
Les Lionnes pauvres, par E. AUGIER et E. FOUSSIER. . . . . . 24 Juillet.
Pour la victoire, par A. DROIN. . . . . 24 Juillet.

FAITS ET ÉVÉNEMENTS IMPORTANTS

Du 1er Janvier au 30 Juillet les représentations du soir furent données tous les jours de la semaine, sauf le lundi (exceptions faites pour le lundi de Pâques et le lundi de la Pentecôte).

Le théâtre est resté fermé du 31 Juillet au 31 Août. Depuis la réouverture du 1er Septembre la Comédie a continué de faire relâche le lundi, jusqu'au 23 Octobre. Depuis le lundi 30 Octobre les représentations du soir furent reprises régulièrement; mais à cause de l'ordonnance préfectorale du 11 Novembre (1) on refit relâche une fois par semaine (le vendredi), depuis le 17 Novembre jusqu'à la fin de l'année.

Signalons la tentative faite en Mars, Avril et Mai de jouer en matinée le samedi. (Ces représentations furent en tout au nombre de huit, du 18 Mars au 13 Mai.)

La Comédie a continué largement et généreusement ses belles traditions d'hospitalité et de générosité. De plus, elle a pris une part très active aux représentations du « Théâtre aux armées de la République », œuvre fort belle, fondée et organisée par M. Émile Fabre.

La retenue faite en 1916 sur le traitement fixe des sociétaires et les appointements des pensionnaires et employés, sauf certaines modifications de détail, était la même qu'en 1915. Mais à la fin de l'année la situation financière de la Maison a permis de rembourser, à tous les artistes, employés et mobilisés, la retenue faite sur les appointements de 1915. De plus, il a été décidé que la retenue faite en 1916 sera remboursée ultérieurement, dès que l'état des recettes le permettra sans nuire à l'exploitation de la Comédie.

Modifications apportées, à cause des événements, dans le texte de quelques pièces.

Un grand ami de la Comédie-Française, M. Jacques May, a bien voulu nous indiquer ces petits changements faits dans :

L'Ami des femmes (acte II, scène II).

DES TARGETTES

Et vous allez maintenant?

(1) « Les théâtres, concerts et cinématographes, dont l'heure de fermeture n'est pas modifiée, feront relâche au moins un jour par semaine. »

MLLE HACKENDORF

A

DE RYONS, *l'interrompant.*

A Ostende.

remplacé par :

A *Biarritz*.

MLLE HACKENDORF

Dans notre simple Allemagne...

remplacé par :

Dans notre *pays*.

Mademoiselle de la Seiglière.

« Je voudrais, au sujet de la pièce de Jules Sandeau, dire un mot concernant les « coupures de guerre » de la Comédie. Il en est peut-être d'excusables, et j'admets à la rigueur, dans *Mademoiselle de La Seiglière*, la suppression du passage où Hélène s'attendrit à l'évocation des jours vécus à Nuremberg; j'admets encore la coupure de la réplique du marquis à Jasmin, au 1er acte, avant de dire : « Sers le café... » surtout lorsque je songe au pauvre interprète du rôle du domestique avant la guerre, à ce brave Reynal; mais n'est-ce pas de l'enfantillage de supprimer, au 1er acte, dans le rôle de Raoul de Vaubert, ce membre de phrase : « *Le temps des grandes guerres est passé...* » et plus loin, au 3e acte, d'empêcher Hélène de dire à Bernard : « *La guerre est finie, on ne la recommencera pas pour vous.* »

(Émile MAS, *Excelsior*, 11 Avril 1916.)

15 Janvier. — 294e Anniversaire de la naissance de Molière. — Exposition moliéresque.

« La Comédie a célébré avec un éclat particulier, dans cette année de guerre, le 15 et le 16 Janvier, l'anniversaire de la naissance de Molière. Deux jours de représentations nous ont montré *Le Dépit amoureux*, *Le Mariage forcé*, *Le Médecin malgré lui*, *Tartuffe* et *Le Malade imaginaire*. En même temps, une très intéressante exposition a été organisée au foyer de la Comédie par l'archiviste de la maison, M. Couët, dont l'inépuisable et obligeante érudition est pour les travailleurs le plus précieux et le plus infaillible des guides. Cette exposition, formée de cinq vitrines, nous est donnée comme le présage de celle que la Maison de Molière fera en 1922, pour le troisième centenaire de la naissance du poète. Elle comprenait deux parties, l'une de pièces relatives à la biographie de Molière, l'autre des éditions des pièces représentées dans ces deux jours. »

(Henry BIDOU, *Journal des Débats*, 31 Janvier 1916.)

Pour les curieux de l'avenir disons que *Le Temps* du 15 Janvier a publié un article (signé « Un Vieux Bibliophile » [M. J. Couët]) qui a donné l'énumération complète des objets exposés.

9 Février. — Première représentation (à ce théâtre) de : *La Figurante.*

« Cette même pièce, il y a vingt ans, choquait un peu tout le monde. « M. de Curel, écrivait Sarcey, se plaît à mettre des personnages d'excep- « tion dans des situations exceptionnelles ; et puis il nous dit : « Regardez ! « hein ! comme c'est la vie ! » Nous qui ne nous reconnaissons point dans « ses peintures, nous admirons l'ingéniosité de l'auteur, mais nous nous « révoltons contre ses portraits. Jamais nous n'avons vu des gens comme « ça ; ils ne nous intéressent pas, parce qu'ils n'ont pas nos façons de pen- « ser ni de sentir ; parce que, comme dit le poète de *Mardoche*, nous « n'avons pas le crâne fait de même ; le crâne ni le cœur. » Que le critique du *Temps*, généralement hostile au réalisme du Théâtre Libre, fît ses réserves, ceci ne saurait nous étonner. Mais Catulle Mendès, animé de dispositions contraires, n'est guère plus tendre. S'il loue l'art de l'écrivain, il juge la pièce inégale, sèche, froide ; il lui reproche de manquer de générosité et de passion ; il y relève des invraisemblances psychologiques ; tantôt elle le blesse par un excès de brutalité ou de cynisme ; tantôt elle lui semble trop timide et trop douce. Son dénouement « à la Scribe » lui déplaît. Voilà beaucoup d'objections, dont quelques-unes certainement sont fondées... On peut se demander pourquoi nous y sommes moins sensibles...

« Le drame se noue entre quatre personnages dessinés, dès le premier acte, avec une vigueur et une netteté remarquables. La critique fut unanime à proclamer les mérites de cet acte d'exposition, à le présenter comme un modèle de clarté, de souplesse, de vérité fine et vivante... »

(Adolphe BRISSON, *Le Temps*, 6 Mars 1916.)

« L'attrait de cette pièce est certain, et l'on a bien de la peine à en démêler le secret, car elle est d'un métier tendu, sec, concerté, d'une vérité toute abstraite et schématique. Elle procure, sans nul conteste, une impression de noblesse et de hauteur, et l'on se sent embarrassé pour en rendre compte, car les personnages n'exhibent guère d'autre mobile que des formes grossières, de l'égoïsme ou de la cruauté. Son originalité est manifeste, et l'on en fixerait malaisément la formule, puisqu'elle procède avec évidence de Marivaux, de Becque, et, par-dessus tout, de Dumas fils, du Dumas de la *Visite de Noces*. C'est à Dumas qu'elle doit son aspect de rigueur formelle, et jusqu'à son procédé scénique. Et le mari diaboliquement perspicace qui mène toute l'action, prévoit ou provoque toutes les réactions sentimentales, accule l'amant de sa femme à un mariage fictif avec la « figurante » qu'il a choisie, puis à un mariage véritable, n'est après tout que l'émule des de Ryons et des Lebonnard.

« Où donc réside la qualité particulière de l'œuvre? Dans sa brièveté condensée, dans la nudité de sa facture, dans la rudesse même avec laquelle les personnages s'expriment et se dépouillent, dans la force impérieuse de certaines vues morales et de certaines indications de caractère, ou, plus exactement, dans le contraste même entre cette richesse complexe de la matière et cette simplicité rustique du ton et de l'exécution. Le propre de M. de Curel est ce mélange de dignité et de brutalité, de réalisme presque cynique et de candeur, de dureté directe et d'invention rêveuse ou sentimentale... »

(Léon Blum, *Le Matin*, 12 Février 1916.)

« Le public a bien accueilli la pièce. Moins émouvante et moins profonde que d'autres ouvrages de M. de Curel, elle est aussi une de celles qui portent la marque du temps. Le premier acte, si admiré pour sa charpente, a la rudesse que lui donne cette charpente apparente. Il est bien évident que dans la vie, on ne verrait point cette suite de délibérations, où l'on met les points sur les i. Bien des choses resteraient sous-entendues, et tout le manège serait probablement plus malhonnête en étant moins cynique. Mais en 1896 un certain air d'ignominie ne déplaisait pas, et on voyait de la force à étaler à nu les consciences mêmes qui craignent le jour. Et puis l'auteur avait son dessein, et nous menait au second acte. Dans ce second acte même, il a déduit avec le même esprit de géométrie les raisons pour lesquelles Henri commence à aimer sa femme : les unes sont d'ambition, les autres de bon appétit. Il est probable que la nature aurait vite fait de les confondre. Elle crée plus de fantômes que de vivants, et M. de Curel l'a montré dans une très belle pièce. Ici Henri croirait peut-être aimer sa femme d'amour quand il lui serait simplement reconnaissant de l'avoir fait nommer ministre; ou peut-être inversement. Mais il y aurait dans toutes ces âmes de la confusion et de la mobilité. *La Figurante* est un bel ouvrage: mais on a quelquefois l'impression qu'il est en bois.

« Tel qu'il est, puissions-nous en voir souvent de semblables! Il faut ajouter qu'il est joué à la perfection. Cette perfection même exclut l'analyse. Mlle Cerny et Mlle Leconte, M. de Féraudy et M. Dullos ont atteint cette fois au naturel parfait et au comble de l'art. »

(Henry Bidou, *Journal des Débats*, 14 Février 1916.)

17 Février. — Première représentation de : *L'Augusta*.

« On eût souhaité que la pièce de M. Fauchois fût bonne. Elle ne l'est malheureusement pas. Il faut dire les choses comme on les pense. L'idée qu'on y distingue est belle et poétique. L'exécution est tout à fait insuffisante.

. . . .

« Le vers de M. Fauchois est tantôt une mauvaise prose guindée, sans grammaire, hérissée de mots impropres, — tantôt une déclamation interminable, filandreuse, où le vers s'ajoute au vers, intarissablement. Çà et là une belle image.

« Mme Piérat a été simplement admirable. On ne saurait jouer avec plus d'art, plus de variété, plus de chaleur, plus de beauté. On ne saurait mieux faire valoir un texte, en tirer tout ce qu'il peut contenir, l'exploiter avec plus de bonheur. »

(Henry Bidou, *Journal des Débats*, 21 Février 1916.)

« Les romantiques n'allaient pas chercher le sujet de leurs drames dans l'histoire romaine. Écrivant une « tragédie » à leur manière, M. René Fauchois s'est exposé aux périls qu'ils avaient su éviter. Insuffisammen préparé, le public a vu des effets comiques dans les situations tragiques. Cela ne l'a pas empêché d'applaudir aux développements oratoires. M. Albert Lambert n'avait aucun effort à faire pour être un beau centurion. M. Paul Mounet a esquissé une figure de Claude; mais une esquisse rapide apparaît parfois comme une caricature. C'est à l'auteur tragique bien plus qu'au tragédien à fixer le dessin d'un portrait avant d'y mettre la couleur. »

([Régis Gignoux], *Le Figaro*, 19 Février 1916.)

1er Mars. — Mort de M. Mounet-Sully.

« Mounet-Sully a succombé à onze heures du soir de la maladie dont il souffrait depuis plusieurs semaines.

« En fermant, à l'âge de soixante-quinze ans, ses yeux d'orage et de rêve à la chère lumière du jour que chante Sophocle, Jean Mounet-Sully, sociétaire du Théâtre-Français depuis quarante et une années, doyen de la Comédie depuis plus de vingt ans, laisse l'éclatante et harmonieuse mémoire du plus illustre tragédien de notre époque, d'un des plus fameux acteurs qui furent jamais, d'un brave homme aux mœurs pures, passionné pour son art, pour la beauté, pour l'antiquité éternelle, pour les poètes et la poésie.

. . . .

« Pour lui, ce fut la fidèle, vibrante et enthousiaste apothéose, aux Français, à Orange, en province, à l'étranger; ce fut le sacerdoce tragique le plus glorieux, dans la plus heureuse vie familiale et les plus légitimes honneurs. Officier de la Légion d'honneur depuis plus de quinze ans, le doyen du Théâtre-Français caressait l'espoir d'entrer à l'Institut : la sympathie unanime ne put lui ouvrir les portes de l'Académie des Beaux-Arts. Auteur d'un drame en vers, *La Vieillesse de don Juan*, qu'il joua lui-même, la jambe un peu roide, et qui eut un succès d'estime, le digne ami des poètes vivants, morts et immortels, l'incomparable interprète des dieux et des héros, l'artisan de rythme, l'orateur de beauté et de vertu qui clamait des choses éternelles, plus stridentes que des paroles, s'endort, plein de jours, au bruit du canon, dans une tragédie sans exemple, couronné du plus noble laurier. »

(Ernest La Jeunesse, *Le Journal,* 2 Mars 1916.)

« Ceux qui, dans le tumulte même des armes, croient encore que l'art est une chose sérieuse et sainte, pleureront amèrement le grand artiste qui vient de s'éteindre. Il a été l'interprète et la voix même des plus beaux poèmes que l'homme ait composés. Le destin l'avait réservé à ne faire paraître que le sublime. Il avait le sentiment de cette dignité. Il m'a dit un jour avec quel recueillement profond il jouait Œdipe. C'était le seul rôle où il eût satisfait à son propre idéal. Celui même de Joad le laissait mécontent de lui. Il entrevoyait je ne sais quoi de plus sublime. S'il est vrai que la destinée de l'homme soit de rendre témoignage, chacun à sa façon, et d'attester la splendeur de l'œuvre divine, celui-ci aura rendu témoignage pour Sophocle et pour Racine, et pour toute la noblesse du génie humain. »

(Y. [Henry Bidou], *Journal des Débats*, 3 Mars 1916.)

« La mort de Mounet-Sully est une grande perte pour l'art français. Ce fut un tragédien génial. Sa place est marquée, dans l'histoire du théâtre, à côté des plus illustres. Il avait la passion de son art, et il en avait le respect. Avant toute chose, il faut louer sa belle conscience, sa probité professionnelle, la dignité de sa vie et l'unité de sa carrière d'artiste. Il a résisté à ce courant qui a poussé les plus célèbres acteurs contemporains à chercher des succès bruyants dans des aventures d'où ils sortent toujours un peu diminués. Il s'est consacré à la gloire d'une seule maison, d'un seul genre. L'art, tel qu'il le concevait, était, éminemment, le grand art. Les plus purs poètes dont s'honore la littérature universelle, de Sophocle à Shakspeare, et de Racine à Victor Hugo, voilà ceux dont il a été l'interprète souvent inspiré. Auprès d'eux il était dans son atmosphère. Dans la prose des personnages modernes il était gêné, mal à l'aise, et donnait l'impression de subir une déchéance, comme s'il fût un roi en exil. Pendant quarante ans, il a personnifié, pour des milliers et des milliers de spectateurs, l'Idéal et la Poésie.

. . . .

« Ce qu'il y avait d'abord d'admirable en lui, c'était l'apparence physique, la taille haute et souple, la noblesse sculpturale des lignes, jointe à l'élégance et à la grâce des mouvements. Il était fait pour porter le costume et les plus riches costumes et les plus pittoresques, ceux de la Renaissance, ceux de l'Espagne ou de l'Orient, à moins que ce ne fût celui qui les efface tous : la draperie antique. Il poussait jusqu'à la perfection cet art de se costumer : rien qu'à le voir entrer en scène, tout le personnage s'évoquait aussitôt avec toute son époque, comme dans un tableau de maître. La voix était splendide, si chaude, si colorée, emplissant aisément de son volume toute une salle, avec des notes d'une étonnante profondeur et aussi des intonations charmantes, d'une douceur infinie, qui ravissaient comme une caresse. On était conquis, gagné, remué, on échappait aux platitudes du monde réel; on entrait avec l'enchanteur dans le monde des illusions généreuses et des rêves splendides. »

(René Doumic, *Revue des Deux Mondes*, 15 Mars 1916.)

« Mounet-Sully sera donc mort sans avoir joué ni *Œdipe à Colone*, ni le *Roi Lear*, deux chefs-d'œuvre pour lesquels il semblait fait, ou qui semblaient faits pour lui, dont la beauté auguste était à sa mesure. C'est un cuisant regret pour tous les amis du grand art dramatique que de n'avoir pas vu ces deux sublimes vieillards incarnés par Mounet-Sully.

« Mais on n'oubliera jamais l'Œdipe, l'Hamlet, le Polyeucte, le Joad, l'Hernani qu'a été ce grand artiste, cet incomparable serviteur des grands poètes. »

(Paul Souday, *Paris-Midi*, 5 Janvier 1917.)

3 Mars. — Obsèques de Mounet-Sully.

Le service religieux a été célébré, à deux heures de l'après-midi, au temple de l'Oratoire, rue Saint-Honoré, où des discours furent prononcés par M. le pasteur Wagner, M. Émile Fabre, M. Silvain, M. Brémont (au nom de l'Association des artistes et des Trente ans de théâtre), M. A. Brisson (au nom de l'Association de la critique).

L'inhumation a eu lieu au cimetière Montparnasse.

DISCOURS DE M. ÉMILE FABRE

« C'est à l'administrateur intérimaire du Théâtre-Français qu'était réservé le triste honneur de venir adresser au doyen des sociétaires, à l'un des plus illustres représentants de l'art tragique, à Mounet-Sully, l'adieu éternel de la Comédie.

« En d'autres circonstances, une voix plus autorisée se fût fait entendre (à laquelle se serait jointe sans doute la voix éloquente d'un ministre), mais la guerre a fermé les bouches; et ceux qui eussent été le mieux qualifiés pour louer Mounet-Sully n'ont pu que le suivre jusqu'ici, dans leur sympathie muette et attristée.

« Pendant quarante-quatre ans qu'il appartint à la Maison de Molière, Mounet lui a donné toutes ses forces, toute son âme, tout son génie et tout son cœur.

« C'est pourquoi aujourd'hui, à l'heure des comptes suprêmes, nous venons lui rendre l'hommage que nous lui devons, en nous inclinant pieusement devant sa dépouille, en mêlant notre douleur aux douleurs qui ont fait cortège à ce cercueil, — celles de ses amis, de ses admirateurs, de sa veuve, qui lui fut maternelle, de son frère, notre cher Paul Mounet, qui voit réellement en un jour mourir la moitié de soi-même.

« Aprement discuté dans ses débuts, — critiqué pour un jeu qu'on disait plein de singularités et de bizarreries, et qui était original, Mounet-Sully, d'année en année, de rôle en rôle, s'était imposé à l'admiration de la foule, et l'on sait de quel applaudissement unanime il était salué, vers la fin de sa vie, à chacune de ses apparitions sur la scène de la Comédie. On sait aussi de quelle estime respectueuse, de quelles tendres affections il était entouré, dans un théâtre qu'il avait contribué à faire plus glorieux et plus prospère.

« Il n'avait pas, comme tant d'autres, été chercher ailleurs des succès retentissants, éphémères, privés de signification. Il restait attaché à la scène qui avait vu ses débuts et qui, si elle ne paye trop souvent qu'en monnaie de gloire ses acteurs, leur confère du moins une dignité qui les désigne au respect, à l'envie même de tous les artistes.

« Hiérophante sacré de ce temple, où se donnent les plus belles fêtes de l'art, Mounet a présidé ces augustes cérémonies; il les a dirigées, animées de sa présence et de son souffle.

« Sur cette bouche harmonieuse, close aujourd'hui, les beaux vers ont chanté; dans cette vaste poitrine, qui ne respire plus, ont habité tour à tour l'âme de tous les héros, ceux de Sophocle et ceux de Shakespeare, ceux de Racine et de Corneille et de Hugo; ce cœur, maintenant immobile, a prêté ses battements précipités à toutes les fureurs, à toutes les exaltations, à toutes les passions humaines.

« Rappellerai-je les personnages qu'il incarna? Mais ils sont tous présents à votre esprit. Ils sont peu nombreux, d'ailleurs, car au lieu de se disperser en une multitude de créations, il se concentra, si l'on peut dire: il fixa son génie en quelques figures qu'il sculpta patiemment, qu'il ne livra au public qu'achevées et parfaites.

« Il fut Oreste, mélancolique et furieux; — Néron, félin, sournois, rampant et terrible; — Horace, tout illuminé de patriotisme, simple, direct, magnifique; — Othello, où il parcourait toutes les gammes de la passion; — le Cid, à la bravoure jeune et joyeuse; — Didier, de *Marion de Lorme*; — Hernani et Ruy Blas, où il mit toute la grandeur sombre de l'Espagne; — Créon, tout cuirassé d'orgueil, d'abord, puis abattu et pitoyable.

« Il fut Polyeucte, où il montra la foi dans ce qu'elle a de plus ardent, la passion dans ce qu'elle a de profond et de pur; Joad, où, sublime prophète d'Israël, il passait du ravissement à l'extase, et de sa voix pleine, large, veloutée, riche en nuances, jetait les prophéties sur la Jérusalem nouvelle.

« Il fit sonner les vers de Molière, de Voltaire, de Coppée, de Bornier, de Rivollet, de Richepin, la prose d'Émile Augier, de Paul Hervieu.

« Enfin, il fut Hamlet et Œdipe roi; Œdipe, où nous le vîmes pour la dernière fois, splendide et sanglant, dans la cour de la Sorbonne, à une représentation de bienfaisance, donnée par la belle œuvre *la Fraternelle des Artistes* et où il avait tenu à prêter son concours, car il était généreux et se dépensait sans compter pour soulager les infortunes.

« Œdipe! Hamlet! De ces deux figures dissemblables, l'une noyée aux brumes du Nord, l'autre se découpant nettement sur l'azur du ciel grec, Mounet-Sully nous a donné une représentation si parfaite qu'elle hantera désormais nos souvenirs.

« Voici Hamlet, le prince noir, conscience au milieu d'instincts, dont la raison vacille devant les énigmes que l'homme moderne tente de déchiffrer.

« Voici Œdipe, serein et confiant, puis qui se débat, comme un autre Laocoon, dans un nœud d'événements formés, assemblés par la fatalité, et qui l'enserrent et qui l'étouffent peu à peu.

« Pensif et frémissant, ou formidable et grave, dans ces deux compositions, il nous montra les deux faces de son talent, romantique et classique à la fois.

« Romantique, il l'était par le pittoresque qu'il donnait à ses personnages, par sa façon de jeter certains vers, aux mots éclatants, en mettant en lumière tels adjectifs, tels verbes, évocateurs et sonores.

« Classique, il l'était aussi par son art de mener jusqu'au bout, en la nuançant, la période la plus longue, par l'unité de sa conception, la noblesse de ses attitudes. Peu d'acteurs ont su se draper comme lui dans la pourpre romaine, dans la cape espagnole, dans l'himation des Hellènes.

« Hernani ou Don Juan (de l'émouvante pièce qu'il écrivit en collaboration avec Pierre Barbier), il avait l'air d'un personnage sorti d'un tableau chatoyant de Velasquez; Hippolyte, Oreste, Œdipe, il était beau, régulier, pur, comme une de ces figures que Phidias a inscrites dans les métopes du Parthénon.

« Avec Mounet-Sully, c'est un des plus fameux acteurs de tous les temps qui disparaît, un des plus hauts représentants de cet art étrange, le seul qui ne laisse pas après soi des témoins impérissables.

« Près de Kean, Lekain, Talma, il entre dans un Panthéon de demi-dieux fabuleux, dont personne n'a vu le visage, dont personne n'a entendu la voix, et dont les noms cependant, durant une longue suite de siècles, voltigeront sur la lèvre des hommes.

« Et cet artiste, qui si souvent incarna des héros, — qui en avait le cœur intrépide (comme il l'avait montré en 70, aux côtés de son frère Paul), — cet homme brave, disparaît à une heure héroïque, à l'heure où nos jeunes Horaces et nos jeunes Rodrigues, sur les falaises embrasées de l'Est, font de leurs poitrines une digue vivante où viennent heurter et se briser les flots de l'invasion.

« J'aime à m'imaginer que l'esprit de Mounet-Sully, dégagé des liens terrestres, flotte au-dessus de la mêlée, et que, dans le vent qui passe, la voix magnifique — la voix que nous n'entendrons plus — jette les vers ardents de Corneille.

« Mais ne gémissons plus sur l'heure présente.

« Mounet-Sully, ce grand mort, qui fut un grand et noble travailleur, qui illustra la Maison où il vécut, son art, son pays, et qui naît aujourd'hui à l'immortalité;

« Mounet-Sully, s'il pouvait nous parler encore, dirait :

« Cessez de me plaindre et de pleurer les disparus d'hier; dans ces journées « uniques de votre histoire, d'autres soins vous réclament. La France, toujours « vivante et jeune, immortelle, enfantera d'autres acteurs, d'autres poètes, « d'autres héros; le flambeau échappé à nos mains mourantes sera ramassé par « d'autres mains, et qui l'élèveront dans l'air, pour que le monde ébloui admire « encore et toujours l'art français rayonnant.

« Au travail, — par delà les ruines.

« Au travail, — par delà les tombeaux. »

DISCOURS DE M. SILVAIN

« Je viens, au nom de la Comédie-Française, dire l'adieu suprême à notre camarade Mounet-Sully.

« Cet adieu sera nécessairement bref, car l'heure n'est pas aux longs discours, même devant une tombe illustre.

« Paris, en moins d'une semaine, a eu la joie de voir luire de nouveau sur l'affiche, après une éclipse de quelques mois, le nom de Mounet-Sully et la douleur d'apprendre qu'il ne reparaîtrait plus sur la scène.

« La mort avait pour jamais baissé sur le grand tragédien son lourd rideau de fer.

« Ce n'est pas devant sa dépouille encore presque frémissante de l'enthousiasme qui l'anima jusqu'à sa dernière heure, ce n'est pas dans l'émotion qui m'étreint devant le cercueil de mon vieux compagnon de lutte, que je me sentirais capable d'analyser froidement une carrière si pleine et si brillante.

« Je ne puis qu'en noter au passage les points les plus saillants :

« Né à Bergerac, en 1841, élève de Bressant au Conservatoire, lieutenant des Mobiles de la Dordogne à l'armée de la Loire, en 1870-71, Mounet-Sully entrait en 1872 à la Comédie-Française, où, après l'Oreste de Racine, il représentait avec une égale splendeur le Rodrigue de Corneille. Il débutait ainsi dans *Le Cid* et, comme le Cid, par un coup de maître qui lui valait immédiatement son admission au Sociétariat, lui qui devait rester toute sa vie, à la ville comme au théâtre, un magnifique Campéador, épris uniquement d'héroïsme et d'idéal, ayant pour devise : Par la foi!

« Dès ses premiers pas, il ne fraye qu'avec les génies. Tout ce qui est grand l'attire. Il est l'interprète sublime des plus sublimes poètes. Il va de cime en cime : de Corneille à Racine et de Racine à Corneille, en passant par Molière, de Molière à Victor Hugo, de Victor Hugo à Shakespeare, de Shakespeare à Sophocle.

« Il est tour à tour et en perfection : le Cid, Oreste, Polyeucte, Néron, Hippolyte, Jupiter, Othello, Hamlet, Ruy Blas, Hernani... J'en passe et des meilleurs. Je laisse à la critique le soin de l'étudier plus longuement et par le détail.

« Celui qui a recréé, en les marquant de sa griffe ineffaçable, tant de rôles inoubliables, mettait le comble à sa gloire et à son génie tragique, en ressuscitant, après vingt-quatre siècles, à la Comédie-Française, puis sur le théâtre romain d'Orange, au pied du mur cyclopéen, sous le vélum bleu piqué d'étoiles, devant un public secoué d'horreur et d'admiration, le héros le plus humain, le plus infortuné et le plus pathétique du théâtre ancien et moderne, je veux dire Œdipe roi.

« La beauté du corps, la noblesse du visage, l'art du costume, le don de l'attitude, la grâce des gestes, l'intuition profonde des personnages qu'il représentait, je ne sais quel charme ingénu et viril qui n'appartenait qu'à lui, et la voix, cette voix admirable au service d'une admirable diction, cette voix où sonnait et frissonnait la gamme infinie des douleurs humaines, il avait tout et tout au suprême degré. J'en appelle aux générations de spectateurs qui pendant près d'un demi-siècle ont eu le bonheur de le voir et de l'entendre.

« Et ce parfait artiste qui donnait à la Comédie-Française autant de lustre que la plupart des autres comédiens se contentent d'en recevoir, était aussi un parfait sociétaire et un parfait doyen. Il était la colonne du temple et le symbole même de cette institution unique au monde et qui, avec l'Académie française, a seule survécu aux anciens régimes; et l'on peut regretter, à ce propos, que l'Académie des Beaux-Arts n'ait pas cru devoir accueillir la candidature plus d'une fois renouvelée de ce prestigieux artiste.

« Il est vrai que comme tous les acteurs, même les plus hauts, Mounet-Sully ne laisse qu'un nom; mais ce nom est égal ou supérieur à celui des Roscius, des Lekain, des Talma, des Garrick, des Modena, des Frédérick-Lemaître, des Salvini. Je ne vois pas en quoi une consécration académique, à laquelle il avait peut-être raison d'attacher tant de prix, aurait augmenté l'éclat d'un tel nom.

« Réputé dans le monde entier, Mounet-Sully pouvait, autant et mieux que tels autres, monnayer sa réputation et s'en aller chercher fortune ailleurs, mais ce grand artiste et ce grand honnête homme était en même temps le plus ponctuel, le plus désintéressé et le plus fidèle — fidèle jusqu'à la mort — des collaborateurs et des associés de la Comédie-Française.

« En sorte que le vers du poète résume à lui seul toute sa vie artistique :

Naître, vivre et mourir dans la même maison.

« Et c'est cette maison, la Maison de Molière, qui, après s'être inclinée devant la igne compagne de sa vie, devant son frère et son émule, notre très cher camarade Paul Mounet, devant les êtres qu'il chérissait et qui le chérissaient, c'est la Maison de Molière en deuil qui, par mon humble voix, vient tout entière, émue et reconnaissante, saluer les restes et glorifier la mémoire du plus célèbre de ses représentants : Mounet-Sully ».

4 Mars. — Première représentation de : *L'Humble offrande.*

« *L'Humble offrande* exprime, avec cette sensibilité nuancée, cette tendresse émue, cette grâce enveloppée et discrète que M. André Rivoire répand dans toutes ses œuvres, des sentiments qui nous touchent vivement, car ils reflètent les nôtres. Aucun artifice de langage ne supplée à l'accent d'une confidence sincère. Or, il y a peu de rhétorique dans les vers de M. Rivoire, j'entends de cette rhétorique vaine et creuse, sous laquelle se dissimule la banalité des lieux communs. L'écrivain ne veut parler que s'il a des choses à dire et des choses qui n'aient pas été dites trop souvent et par tout le monde. Il descend en lui-même; il s'interroge. S'interrogeant loyalement et profondément, il analyse, il traduit la pensée des « intellectuels » de sa génération. Quel peut-être leur présent état d'âme? »

(Adolphe Brisson, *Le Temps,* 3 Avril 1916.)

Mme Weber est nommée membre du Conseil supérieur d'enseignement du Conservatoire.

Par arrêté, en date du 21 Mars, Mme Weber est nommée membre du Conseil supérieur d'enseignement du Conservatoire national (section des études dramatiques), en remplacement de M. Mounet-Sully, décédé.

M. Silvain est nommé membre du Conseil supérieur d'enseignement du Conservatoire.

Par arrêté, en date du 12 Avril, M. Silvain, doyen de la Comédie-Française, est nommé membre du Conseil supérieur d'enseignement du Conservatoire national (section des études dramatiques).

18 Mai. — *Troisième Centenaire de Shakespeare et Cervantès.*

« La Comédie avait organisé au foyer une exposition de livres et de gravures. Beaucoup de ces documents venaient de l'incomparable bibliothèque de M. Rondel, qui les avait prêtés avec la générosité que lui connaissent tous les amateurs de l'art dramatique. Nous parlerons dimanche prochain de cette exposition. Je voudrais seulement signaler aujourd'hui l'art érudit et raffiné avec lequel M. Couët l'avait organisée. Chaque vitrine assemble toutes les pièces d'un chapitre d'histoire littéraire. Chacune de ces vitrines pourrait porter un nom : Les premières éditions de Shakespeare, Shakespeare en France au dix-huitième siècle, le théâtre anglais à Paris pendant la Restauration, les adaptations de don

Quichotte. Chacun de ces problèmes est traité avec une science et un goût incomparables. Tous les documents sont là, et les livres sont ouverts à la bonne page. En vérité, chaque vitrine est comme un dossier préparé. On le lit, et il ne resterait qu'à écrire pour composer un livre charmant. C'est évidemment ainsi qu'une exposition doit être comprise, et celle-ci est un modèle. Que de science ne faut-il pas pour en composer l'ensemble éphémère. »

(Henry Bidou, *Journal des Débats*, 22 Mai 1916.)

Dans *Le Temps* du 14 Mai, « Un Vieux Bibliophile » [M. J. Couet] a donné la description détaillée de cette belle exposition.

2 Octobre. — Le comité d'administration, réuni aujourd'hui sous la présidence de M. Émile Fabre, a nommé M. de Max, sociétaire, à part entière. Cette nomination aura son effet à partir de la fin de la guerre.

12 Octobre. — Aujourd'hui commence l'abonnement aux matinées classiques des jeudis. Il se compose, pour la saison 1916-1917, de deux séries de seize représentations.

25 Octobre. — Première représentation (à ce théâtre) de : *La Course du flambeau.*

« La Comédie-Française vient d'inscrire à son répertoire *La Course du flambeau*. Elle le devait. L'œuvre maîtresse du théâtre de Paul Hervieu est aussi bien une des maîtresses œuvres du théâtre moderne. Après quinze ans, elle est consacrée, sinon par le succès de représentation, du moins par l'admiration des connaisseurs. Dure, âpre, douloureuse, elle fait songer moins au *Demi-monde* et au *Gendre de M. Poirier* qu'aux *Corbeaux;* mais, comme *Les Corbeaux,* comme *Le Gendre de M. Poirier,* comme *Le Demi-monde,* c'est le spécimen accompli d'un genre. Le théâtre pessimiste a trouvé dans cette pièce cruelle sa plus complète expression. Désormais, on la jouera plus ou moins souvent, on la goûtera plus ou moins suivant l'époque et les tendances du moment, on en aimera, on en détestera l'esprit, on en critiquera certains rôles et certaines scènes; mais l'œuvre dans son ensemble restera incontestée, comme un monument durable et qui fait partie de l'histoire de notre théâtre. »

(René Doumic, *Revue des Deux Mondes*, 15 Novembre 1916.)

« Telle est cette pièce, une des plus sombres du théâtre moderne ; les invraisemblances que nous y avons vues sont plus apparentes que réelles. On sent bien que le destin pourrait toujours, par d'autres moyens, poser le dilemme fatal qui est toute la pièce. « Pour ma fille, j'ai tué ma mère. » L'espèce de rigueur démonstrative qui raidit le drame, si elle glace l'émotion, augmente la gêne. On est ému sans doute, et plus encore atterré. On est en présence d'une machine affreuse, qui fait peur, et qui a l'air de marcher tout de vrai, et d'être encore ensanglantée. Le langage, avec ses longues phrases trop écrites, est aussi inhumain que la pièce. Mais l'impression est extrêmement forte. »

(Henry Bidou, *Journal des Débats*, 30 Octobre 1916.)

« Et de cette théorie développée par Paul Hervieu se dégage une impression de grandeur, de force, de vigueur, qui a hier encore ému, secoué l'auditoire de la Comédie-Française. Cette mère, Sabine, qui prend parti pour sa fille Marie-Jeanne et le coûteux mari de celle-ci, contre sa mère; cette femme qui vole sa propre mère, qui fait des faux, et qui l'assassine en l'envoyant dans les montagnes sachant que malade du cœur elle ne pourra supporter les hauteurs; cette Sabine n'appartient évidemment pas à la vie courante, c'est un être qui est de la lignée des héros du drame antique, c'est un de ces personnages poussés au crime par l'inéluctable Fatalité, qui est ici la loi de la nature, l'amour de la mère pour sa fille, au détriment de l'aïeule. Mettez un peplum à toutes ces créatures de la pièce; au lieu du salon, imaginez un palais de pierre; et *La Course du flambeau* vous apparaîtra avec la grandeur d'une tragédie née de la mythologie grecque. Elle en a non seulement les scènes qui étreignent, elle en a le style mâle et fastueux. »

(Louis Schneider, *Le Gaulois*, 25 Octobre 1916.)

« Mme Pierson dessine avec précision et avec goût la physionomie du personnage; elle en donne l'illusion complète; elle n'en fait pas, comme la créatrice, d'ailleurs admirable, Mme Daynes-Grassot, une villageoise devenue dame et capitaliste et qui tient à ses écus; elle élargit la figure et la hausse d'un cran... Mme Fontenais, aperçue sous les traits de la nouvelle interprète, a de la race, elle est de bourgeoisie, de grande bourgeoisie. Et j'arrive à Mme Bartet, chargée de traduire, après Mme Réjane, les tourments et les remords de Sabine Revel. Succession redoutable... Mme Réjane s'était imposée avec une telle maîtrise dans ce rôle qu'on se l'imaginait difficilement sans elle. Mme Bartet ne l'a pas imitée. Elle n'imite personne. Elle réalise une Sabine moins véhémente, moins instinctive et spontanée, plus réfléchie, plus consciente de la valeur de ses actes, non moins profondément mais plus discrètement torturée, ayant la pudeur de ses angoisses, s'appliquant à les cacher, n'en souffrant que davantage... Elle n'a pas la vie exubérante de la créatrice, ses cris de bête égorgée qui vous prenaient aux entrailles; elle a l'accent intérieur, la distinction, le charme, la poésie. »

(Adolphe Brisson, *Le Temps*, 6 Novembre 1916.)

La tenue de soirée est interdite à la Comédie-Française.

Au commencement de Novembre les journaux publièrent la note suivante :

« Le Sous-Secrétaire d'État des Beaux-Arts, d'accord avec les directeurs des quatre théâtres subventionnés, vient de décider que le public ne serait admis dans ces théâtres, à quelque représentation que ce fût, et jusqu'à la fin de la guerre, qu'en tenue de ville. Les personnes qui se présenteraient au contrôle dans une autre tenue se verraient rigoureusement refuser l'entrée. »

7 Novembre. — Pour la saison 1916-1917 l'abonnement du soir commence aujourd'hui. Il se compose de deux séries de quinze représentations, qui seront données tous les mardis.

« Si nous n'étions prévenus, rien dans l'aspect de la salle ne nous révélerait que la représentation du 7 Novembre est la première soirée de l'abonnement du mardi. Une salle à peu près comble sans doute, mais semblable à celle des représentations *ordinaires;* on me signale même quelques fauteuils vides appartenant à des abonnés qui ne les occupent point. Contrairement aux *matinées classiques* du jeudi, qui ont retrouvé leur fidèle public — composé, d'ailleurs, de femmes, de jeunes filles et d'hommes d'un certain âge — les *soirées* d'abonnement portent la *marque* de la guerre. »

(Émile Mas, *Excelsior*, 8 Novembre 1916.)

Réduction de l'éclairage. — Cette mesure a été prise à cause de l'ordonnance préfectorale du 11 Novembre.

« Depuis le 18 Novembre on a pris des mesures afin d'économiser la lumière. On n'allume plus le lustre. Pendant l'entr'acte, la salle est éclairée par les girandoles des avant-scènes et celles qui se trouvent à la hauteur des troisièmes galeries. Pendant le jeu on éteint les girandoles et on ne conserve plus qu'un petit nombre des lampes de ces mêmes troisièmes galeries, tandis que dans les couloirs, foyer, etc., l'éclairage est réduit au strict minimum. Quand on pénètre dans le vestibule, après le lever du rideau, on croirait entrer dans le tombeau de Charlemagne... avant que le sépulcre ne « flamboie » à l'appel de Charles-Quint! »

(Émile Mas, *Excelsior*, 20 Novembre 1916.)

27 Novembre. — Première représentation de : *Les Nouveaux pauvres.*

« Ce tableau des misères momentanées infligées par la guerre à une femme et à une jeune fille du meilleur monde, a plu. Le comique et le pathétique y sont dosés de façon à attendrir l'auditeur sans l'attrister et à le divertir avec décence. La formule est infaillible. L'expérience de M. Fonson en a acquis le secret et son ingéniosité sait s'en servir. Excellente interprétation de MM. de Féraudy, Le Roy, Mmes Devoyod et Huguette Duflos. »

(Adolphe Brisson, *Le Temps*, 18 Décembre 1916.)

Arrêté concernant les « feux » des artistes.

« Le Ministre de l'Instruction publique, des Beaux-Arts et des Inventions intéressant la Défense Nationale,

« Vu le décret du 27 Avril 1850 modifiant le régime administratif du Théâtre Français, notamment les articles 3, 10 et 29;

« Vu la lettre de l'Administrateur général de la Comédie-Française en date du 22 Mai 1916 et la proposition adoptée par le Comité d'administration dans sa séance du 17 Avril 1916;

« Sur la proposition du Sous-Secrétaire d'État des Beaux-Arts,

« Arrête :

« Article premier. — L'arrêté ministériel du 27 Janvier 1914 portant règlement sur l'allocation de feux aux sociétaires et pensionnaires de la Comédie-Française est rapporté.

« Article 2. — Les feux seront fixés chaque année, pour l'exercice suivant, au moment de l'établissement du budget. Ces feux variables pourront être modifiés à chaque exercice.

« Fait à Paris, le 5 Décembre 1916.

« Paul Painlevé. »

15 Décembre. — Mort de Frédéric Febvre.

Aux obsèques qui furent célébrées le 18 Décembre, des discours furent prononcés par MM. E. Fabre, P. Decourcelle (au nom de la Société des Gens de lettres) et Silvain.

DISCOURS DE M. ÉMILE FABRE

« Frédéric Febvre fut un homme heureux.

« Issu d'une vieille famille bourgeoise, il sentit s'éveiller de bonne heure en lui le goût du théâtre, et il eut tout d'abord la chance que sa vocation ne fût pas contrariée par ses parents. Quand il parut pour la première fois sur la scène, il avait vingt ans environ. Après quelques campagnes en province, il revint à Paris, passa à la Porte-Saint-Martin, la Gaîté, l'Odéon et parvint au Vaudeville où il créa bientôt les premiers rôles des pièces de Sardou. Dans *Nos intimes*, dans *La Famille*

Benoiton, ce chef-d'œuvre d'horlogerie dramatique, il remporta des succès éclatants.

« Les portes de la Comédie-Française s'ouvrirent alors devant lui. Il débuta le 19 Septembre 1866, dans le Philippe II de *Don Juan d'Autriche*. Au cours de vingt-sept années de labeur, il joua soixante-dix-sept rôles, marquant la plupart d'entre eux d'une empreinte profonde. Enfin, le 24 Mai 1893, il se retirait en plein talent, en pleine force. Lui qui si souvent avait évoqué à nos yeux quelque chaud portrait de Velasquez, il eut la prudence et l'élégance de vouloir que nous gardions dans notre souvenir l'image de son effigie hautaine, de sa taille redressée, de son allure cavalière, de son front net de rides. Dans sa retraite volontaire il resta souriant.

« Sa vieillesse, exempte d'infirmités, fut aimable et conteuse. Il était plein d'anecdotes. Il nous a dit ses souvenirs dans le *Journal d'un Comédien* et dans ses articles du *Gaulois*, écrits d'une plume alerte. Content des autres, et rarement mécontent de lui, il passa les dernières années de sa vie dans les salles de spectacles et dans les salons. Il hantait le monde et les coulisses. Tout artiste et boulevardier qu'il était, il passait volontiers son habit, où des décorations brillaient. Et voici que, l'autre matin, il s'est éteint doucement, comblé d'ans, de richesses, d'honneurs. Ce fut un homme heureux.

« Ce fut aussi un travailleur. Alors même qu'on croirait, avec superstition, à d'heureuses conjonctions d'astres, à d'heureux assemblages de constellations, qui dardent sur le front de certains nouveau-nés les rayons du bonheur, quand même on porterait en soi cette chose mystérieuse qui s'appelle la chance, tout cela ne serait rien, me semble-t-il, si l'on ne sollicitait, si l'on ne préparait soi-même les événements de sa vie. « Le caractère, c'est la destinée », a dit Novalès. Et la destinée, c'est aussi la volonté, l'application, l'amour ardent du travail. Frédéric Febvre eut ces qualités.

« Quand il entra à la Comédie-Française il apportait du boulevard certaines habitudes familières et, sous prétexte de naturel, une articulation imprécise. Régnier lui en fit la remarque. Et Febvre qui avait trente-trois ans alors, Febvre qui n'avait pas passé par le Conservatoire (ce Conservatoire dont on médit souvent et qui est la seule école où l'on apprenne à dire des proses harmonieuses et cadencées, à mener jusqu'au bout une période poétique), Febvre se remit à l'école. Un labeur acharné le rendit maître de sa parole. Une attention soutenue le rendit maître de ses gestes. C'est alors, qu'en pleine possession de soi et de son art, il fit ses créations les plus saisissantes : Kobus de *L'Ami Fritz;* le Clarkson de *L'Étrangère,* si pittoresque; Bourdon dans le magnifique drame de Becque, *Les Corbeaux;* le comte de la Rivonnière, du *Père prodigue;* Don Salluste, de *Ruy Blas,* où sa voix sobre et son ardeur concentrée le servaient merveilleusement.

« Parfait galant homme et chatouilleux comme un gentilhomme, Frédéric Febvre alla deux fois sur le terrain : d'abord pour défendre une comédienne insultée, puis pour vider une querelle littéraire. Il donna ainsi à tous ses collègues et il nous laisse l'exemple d'un artiste qui eut un haut sentiment de sa dignité d'homme et de sa dignité professionnelle. »

DISCOURS DE M. SILVAIN

« La grande faucheuse qui moissonne au front tant de jeunes existences, frappa aussi à l'arrière des victimes de choix. Dans la seule année qui finit, la Maison de Molière, après Mounet-Sully, après Yvonne Lifraud, voit disparaître une de ses anciennes vedettes, Frédéric Febvre, qui jusqu'à son dernier jour arborait, parmi les titres d'honneur dont il était le plus fier, celui de vice-doyen de la Comédie-Française.

« Et c'est le doyen actuel, son vieux compagnon, qui ne veut pas le laisser partir sans quelques paroles d'adieu.

« Frédéric Febvre qui n'avait pas, signe particulier, passé par le Conservatoire, avait préludé par de nombreuses scènes parisiennes à la Comédie-Française, où il dut son entrée, — en dehors de son talent, — à une auguste intervention et à sa propre bravoure, après une aventure et un duel à la d'Artagnan.

« Notre charmant duelliste d'ailleurs était né protocolaire. Il avait le respect et le culte des hiérarchies. Il appelait les sociétaires du Théâtre-Français les maréchaux de l'art, et son titre de vice-doyen, c'était lui-même qui se l'était attribué, comme un avancement légitime. Ses relations princières étaient célèbres.

« Mais c'est avant tout du comédien que je dois parler ici. Pendant les vingt-sept années qu'il a passées rue de Richelieu, il n'a pas joué moins de soixante-dix-sept rôles, c'est dire la variété de ses ressources et la souplesse de son art. C'était un romantique, mais ultra-moderne, au théâtre comme à la ville, doué d'un physique avantageux. C'était un amoureux viril. On remarquait dans son jeu un intéressant mélange de pittoresque et de réalisme. Il est telles silhouettes, comme l'Ami Fritz, le duc de Guise, Clarkson, don Salluste, Saltabadil, qu'il a fouillées, creusées, campées sur le fond lumineux de la scène avec un relief saisissant, inoubliable.

« Plus sage que beaucoup d'entre nous, Frédéric Febvre prit sa retraite vers la soixantaine. Sans doute ce beau cavalier, ce grand premier rôle idéal eût-il cru déroger en jouant des gérontes.

« Mais, contrairement à l'usage qui semble éloigner à tout jamais les vieux comédiens retraités de la Maison qu'ils ont servie et quelquefois illustrée, Frédéric Febvre revenait volontiers respirer de temps en temps l'air des coulisses, serrer la main des vétérans, conseiller les recrues et tous, nous avions plaisir à revoir ce vieillard élégant, souriant, frais rasé, toujours tiré à quatre épingles et portant toujours beau sous son immuable frisure à la Bressant, depuis longtemps poudrée à frimas.

« Peu de temps avant la guerre, la Comédie avait fêté ses quatre-vingts ans en un banquet présidé par Jules Claretie. Tout récemment encore, il était venu donner des indications de mise en scène, lui le parfait Clavaroche, à la reprise du *Chandelier*, et même, l'année dernière, il avait été un moment question au Comité de sa nomination d'administrateur intérimaire.

« Aussi la Comédie n'a-t-elle guère cessé de le considérer comme faisant partie de ses cadres et sa disparition y est-elle vivement ressentie.

« La vie de Frédéric Febvre tient dans ces trois mots : Il fut heureux. La mort même lui fut clémente, puisqu'elle ne lui a pas laissé le temps de connaître, en un âge si avancé, la suprême déchéance de se survivre.

« Peut-être cependant avait-il pressenti sa fin prochaine. « Je ne verrai pas « la fin de la guerre », disait-il.

« Du moins le garde national du siège de Paris, qui avait déjà souffert de la barbarie allemande, le patriote à panache de 1870-71, a-t-il pu voir la bataille de la Marne, qui a sauvé Paris, ce Paris, où il est né, où il a vécu, où il est mort; il a pu voir la Marne, l'Yser et Verdun, c'est-à-dire le commencement de la victoire.

« Sur le cercueil de Frédéric Febvre qui a servi si longtemps avec tant d'éclat la Comédie-Française, je viens déposer en mon nom et au nom de mes camarades, en même temps que l'hommage ému de notre admiration et de notre reconnaissance, une branche du laurier vert. »

21 Décembre. — Exposition racinienne.

« Les amis des belles-lettres doivent goûter non seulement avec plaisir, mais avec émotion, le spectacle noble et charmant de ces vitrines, disposées par M. Coüet; la science s'y est ornée d'un goût ingénieux, et l'amour des beaux livres en a fait une assemblée agréable aux regards. Aux collections de la Comédie, Mme Segond-Weber, M. Rondel, M. Rahir, M. Marcuse ont ajouté des prêts. »

(Henry Bidou, *Journal des Débats*, 1er Janvier 1917.)

Total des recettes journalières : 1 383 532 fr. 40 (les recettes des représentations données en province et à l'étranger ne figurent pas dans ce total); plus 6 945 fr. 80 à la matinée « au profit de l'Œuvre du Soldat blessé ou malade »; plus 20 592 fr. 50 à la matinée « au bénéfice de l'Hôpital de l'École Normale supérieure »; plus 8 974 fr. 50 à la matinée « au bénéfice du Comité d'assistance en Alsace-Lorraine »; plus 10 196 fr. 70 à la matinée « au bénéfice des Réfugiés de la Lorraine »; plus 15 644 francs à la matinée « au bénéfice de l'Œuvre du Souvenir de la France à ses marins ».

La recette la plus forte, 9 489 fr. 10, a été faite à la matinée du 31 Décembre, avec *Le Bourgeois gentilhomme.*

La répétition générale payante et les 10 représentations de *La Figurante* ont produit : 35 355 fr. 10, soit une moyenne de 3 214 fr. 10 par représentation.

Les 12 représentations de *La Course du flambeau* ont produit 58 023 fr. 45, soit une moyenne de 4 835 fr. 28 par représentation.

TABLE ALPHABÉTIQUE DES PIÈCES

A quoi rêvent les jeunes filles (1), comédie en deux actes, en vers, par DE MUSSET.
Affaires sont les affaires (les), comédie en trois actes, en prose, par MIRBEAU.
Ami des femmes (l'), comédie en cinq actes, en prose, par DUMAS fils.
Ami Fritz (l') (2), comédie en trois actes, en prose, par ERCKMANN et CHATRIAN. Musique de H. MARÉCHAL.
Andromaque, tragédie en cinq actes, en vers, par RACINE.
Anglais tel qu'on le parle (l'), comédie en un acte, en prose, par BERNARD.
Athalie (3), tragédie en cinq actes, en vers, par RACINE.
Augusta (l'), tragédie en un acte, par FAUCHOIS.
Avare (l'), comédie en cinq actes, en prose, par MOLIÈRE.
Aventurière (l'), comédie en quatre actes, en vers, par AUGIER.
Baiser (le), comédie en un acte, en vers, par DE BANVILLE.
Bajazet, tragédie en cinq actes, en vers, par RACINE.
Barbier de Séville (le), comédie en quatre actes, en prose, par DE BEAUMARCHAIS.
Bérénice, tragédie en cinq actes, en vers, par RACINE.
Blanchette, comédie en trois actes, en prose, par BRIEUX.
Bonhomme Jadis (le), comedie en un acte, en prose, par MURGER.
Bonne mère (la), comédie en un acte, en prose, par DE FLORIAN.
Boubouroche, pièce en deux actes, en prose, par COURTELINE.
Bourgeois gentilhomme (le), comédie-ballet en cinq actes, en prose, par MOLIÈRE. Musique de LULLI.
Brebis de Panurge (les), comédie en un acte, en prose, par MEILHAC et LUD. HALÉVY.
Britannicus, tragédie en cinq actes, en vers, par RACINE.
Cantate aux morts, poème de SAINT-GEORGES DE BOUHÉLIER. Adagio du premier quatuor de G. FAURÉ.
Caprice (un), comédie en un acte, en prose, par DE MUSSET.
Caprices de Marianne (les), comédie en deux actes, en prose, par DE MUSSET.
Chaîne (une), comédie en cinq actes, en prose, par SCRIBE.
Chandelier (le), comédie en trois actes et huit tableaux, en prose, par DE MUSSET.
Chant du départ (le), paroles par M.-J. DE CHÉNIER. Musique de MÉHUL.
Cid (le), tragédie en cinq actes, en vers, par P. CORNEILLE.

(1) Fragments : Acte I, scènes I, III (20 premiers vers), IV (moins Silvio et le duc Laërte); acte II, scènes II (moins la fin), V (quelques vers dits par le duc Laërte).

(2) « Au 2e acte, chanson alsacienne (*Les Amoureux de Catherine*). Paroles d'Erckmann-Chatrian et Jules Barbier. Musique de M. Henri Maréchal. Chantée par Mlle Leconte et le chœur. »

(3) « Chœurs et Orchestre ».

Cinna, tragédie en cinq actes, en vers, par P. Corneille.
Colette Baudoche (1), pièce en trois actes, en prose, tirée du roman de M. Barrès, par Frondaie.
Corneille et Richelieu, à-propos en un acte, en vers, par Moreau.
Course du flambeau (la), pièce en quatre actes, en prose, par Hervieu.
Dédale (le), pièce en cinq actes, en prose, par Hervieu.
Demi-monde (le), comédie en cinq actes, en prose, par Dumas fils.
Démocrite (2), comédie en cinq actes, en vers, par Regnard.
Dépit amoureux (le), comédie en deux actes, en vers, par Molière.
Deux gloires (les), pièce en un acte, en prose, par Wolff.
Disputes de la Saint-Jean (les), « entremes » d'après Cervantès, par Berr et Truffier.
Duel (le), pièce en trois actes, en prose, par Lavedan.
École des maris (l'), comédie en trois actes, en vers, par Molière.
Électre, tragédie en trois actes, par Sophocle. Adaptation par Poizat.
Énigme (l'), pièce en deux actes, en prose, par Hervieu.
Été de la Saint-Martin (l'), comédie en un acte, en prose, par Meilhac et Lud. Halévy.
Étincelle (l'), comédie en un acte, en prose, par Pailleron.
Étourdi (l'), comédie en cinq actes, en vers, par Molière.
Femmes savantes (les), comédie en cinq actes, en vers, par Molière.
Figurante (la), comédie en trois actes, en prose, par de Curel.
Fille de Roland (la), drame en quatre actes, en vers, par de Bornier.
Flibustier (le), comédie en trois actes, en vers, par Richepin.
Fontaine de Jouvence (la), comédie mythologique en un acte, en vers, par Bergerat.
Fourberies de Scapin (les), comédie en trois actes, en prose, par Molière.
Gendre de M. Poirier (le), comédie en quatre actes, en prose, par Augier et Sandeau.
George Dandin, ou le Mari confondu, comédie en trois actes, en prose, par Molière.
Gringoire, comédie en un acte, en prose, par de Banville.
Hamlet (3), drame en cinq actes et onze tableaux, en vers, par Al. Dumas et Meurice.
Honnêtes femmes (les), comédie en un acte, en prose, par Becque.
Horace, tragédie en cinq actes, en vers, par P. Corneille.
Horace et Lydie, comédie en un acte, en vers, par Ponsard.
Humble offrande (l'), poème en un acte, par Rivoire.
Il était une bergère..., conte en un acte, en vers, par Rivoire.
Il ne faut jurer de rien, comédie en trois actes, en prose, par de Musset.
In memoriam, poème par Gregh.

(1) Acte III.
(2) Scène. (Acte II, scène vii, moins les 8 derniers vers; acte IV, scène vii, moins les 40 premiers vers).
(3) Tableau VI; tableau VII, scène i (moins le comédien), scène iii (depuis l'entrée de Rosencrantz), scènes iv, v; tableaux VIII, IX.

Jean-Marie, drame en un acte, en vers, par Theuriet.

Jeu de l'amour et du hasard (le), comédie en trois actes, en prose, par de Marivaux.

Luthier de Crémone (le), comédie en un acte, en vers, par Coppée.

Macbeth (de Shakespeare) (1), cinq actes et douze tableaux. Version française inédite, prose et vers, par Richepin. Musique de scène de O. Letorey.

Mademoiselle de Belle-Isle, drame en cinq actes, en prose, par Al. Dumas.

Mademoiselle de la Seiglière, comédie en quatre actes, en prose, par Sandeau.

Malade imaginaire (le), comédie en trois actes, en prose, par Molière.

Marche nuptiale (la), pièce en quatre actes, en prose, par Bataille.

Mariage de Figaro (le), comédie en cinq actes, en prose, par de Beaumarchais.

Mariage de Hoche (le), comédie en un acte, en prose, par Aderer.

Mariage forcé (le), comédie-ballet en un acte, en prose, par Molière. Musique de Lulli.

Marion de Lorme (2), drame en cinq actes, en vers, par Hugo.

Marquis de Priola (le), pièce en trois actes, en prose, par Lavedan.

Marquis de Villemer (le), comédie en quatre actes, en prose, par Mme Sand.

Médecin malgré lui (le), comédie en trois actes, en prose, par Molière.

Mégère apprivoisée (la), comédie en quatre actes, en prose, par Delair ; d'après Shakespeare (*Taming of the Shrew*).

Menteur (le), comédie en cinq actes, en vers, par P. Corneille.

Misanthrope (le), comédie en cinq actes, en vers, par Molière.

Monde où l'on s'ennuie (le), comédie en trois actes, en prose, par Pailleron.

Nicomède, tragédie en cinq actes, en vers, par P. Corneille.

Nouveaux pauvres (les) (3), comédie en un acte, en prose, par Fonson.

Nouvelle idole (la) (4), pièce en trois actes, en prose, par de Curel.

Nuit d'Août (la), scène en vers, par de Musset.

Nuit de Mai (la), scène en vers, par de Musset.

Nuit d'Octobre (la), scène en vers, par de Musset.

On ne badine pas avec l'amour, comédie en trois actes, en prose, par de Musset.

Ouvriers (les), drame en un acte, en vers, par Manuel.

Paix chez soi (la), comédie en un acte, en prose, par Courteline.

Passant (le), comédie en un acte, en vers, par Coppée.

Passe-montagne (le), un acte en prose, par Girette.

Patrie, drame historique en cinq actes et six tableaux, en prose, par Sardou.

Père Lebonnard (le), comédie en quatre actes, en vers, par Aicard.

Phèdre, tragédie en cinq actes, en vers, par Racine.

Plaideurs (les), comédie en trois actes, en vers, par Racine.

Plaisir de rompre (le), comédie en un acte, en prose, par Renard.

Poil de carotte, comédie en un acte, en prose, par Renard.

Polyeucte, tragédie en cinq actes, en vers, par P. Corneille.

(1) Tableau IV (8 premières scènes).

(2) Acte IV.

(3) Cette pièce, quelques jours avant sa première représentation, était annoncée sur l'affiche sous le titre de *Mélanie*.

(4) Acte II

Polyphème, drame antique en deux actes, en vers, par Samain.
Précieuses ridicules (les), comédie en un acte, en prose, par Molière.
Première Bérénice (la), comédie en un acte, en vers, par A. Bertrand et de Bar.
Primerose, comédie en trois actes, en prose, par de Caillavet et de Flers.
Princesse Georges (la), pièce en trois actes, en prose, par Dumas fils.
Psyché (1), tragi-comédie-ballet en cinq actes, en vers libres, et un prologue, par Molière, P. Corneille et Quinault.
Rantzau (les), comédie en quatre actes, en prose, par Erckmann et Chatrian.
Revanche d'Iris (la), comédie en un acte, en vers, par Ferrier.
Riquet à la houppe, comédie féerique en quatre actes, en vers, par de Banville.
Ruy Blas (2), drame en cinq actes, en vers, par Hugo.
Shakespeare chez Molière, par Aicard.
Shakespeare et Cervantès, sonnets par Haraucourt.
Shylock (3), comédie en trois actes et cinq tableaux, en vers, par de Vigny, d'après Shakespeare.
Soubrette de Molière (la), poésie par Blémont.
Stradivarius (le), comédie en un acte, en prose, par Maurey.
Tartuffe (4), comédie en cinq actes, en vers, par Molière.
Tenailles (les), pièce en trois actes, en prose, par Hervieu.
Veillée des armes (la), un acte, en vers, par Fauchois.
Venise, comédie en un acte, en prose, par de Flers et de Caillavet.
Voyage de M. Perrichon (le), comédie en quatre actes, en prose, par Labiche et Martin.

(1) Acte III.
(2) Acte V.
(3) Tableau IV (moins les 3 dernières scènes).
(4) Aux deux dernières représentations de cette pièce, l'affiche portait : *Le Tartuffe, ou l'Imposteur*.

TABLE ALPHABÉTIQUE DES AUTEURS

ET DE LEURS PIÈCES

AVEC LE TOTAL DES REPRÉSENTATIONS PENDANT L'ANNÉE ET DEPUIS LA PREMIÈRE REPRÉSENTATION A LA COMÉDIE-FRANÇAISE JUSQU'AU 31 DÉCEMBRE 1916

LES PREMIÈRES REPRÉSENTATIONS SONT INDIQUÉES EN CARACTÈRES ITALIQUES

	NOMBRE DE REPRÉSENTATIONS	
	TOTAL DE L'ANNÉE	TOTAL GÉNÉRAL
ADERER (A.)		
Le Mariage de Hoche	4 (1)	4
AICARD (J.)		
Le Père Lebonnard	8	59
Shakespeare chez Molière	2	2
AUGIER (E.)		
L'Aventurière	6	536
AUGIER (E.) et J. SANDEAU		
Le Gendre de M. Poirier	7	564
BANVILLE (T. DE)		
Le Baiser	4	123
Gringoire	6	420
Riquet à la houppe	8	22
BATAILLE (H.)		
La Marche nuptiale	23	116

(1) Avant ses représentations régulières, cette pièce fut jouée une fois à la Comédie-Française, à une matinée à bénéfice.

	NOMBRE DE REPRÉSENTATIONS	
	TOTAL DE L'ANNÉE	TOTAL GÉNÉRAL
BEAUMARCHAIS (P.-A. DE)		
Le Barbier de Séville	7	841
Le Mariage de Figaro	4	803
BECQUE (H.)		
Les Honnêtes femmes	5	98
BERGERAT (E.)		
La Fontaine de Jouvence	2	39
BERNARD (T.)		
L'Anglais tel qu'on le parle	10	155
BERR (G.) et J. TRUFFIER		
Les Disputes de la Saint-Jean	3	3
BERTRAND (A.) et G. DE BAR		
La Première Bérénice	6	9
BLÉMONT (E.)		
La Soubrette de Molière	1	1
BORNIER (H. DE)		
La Fille de Roland	4	237
BRIEUX (E.)		
Blanchette	7	58
CAILLAVET (G.-A. DE) et R. DE FLERS		
Primerose	17	215
CHÉNIER (M.-J. DE)		
Le Chant du départ	1	9

	NOMBRE DE REPRÉSENTATIONS	
	TOTAL DE L'ANNÉE	TOTAL GÉNÉRAL
COPPÉE (F.)		
Le Luthier de Crémone	3	212
Le Passant	3	174
CORNEILLE (P.)		
Le Cid	5	1 011
Cinna	3	634
Horace	5	645
Le Menteur	1	663
Nicomède	3	306
Polyeucte	8	476
COURTELINE (G.)		
Boubouroche	6	33
La Paix chez soi	5	48
CUREL (F. DE)		
La Figurante	10	10
La Nouvelle idole (1)	1	13
DELAIR (P.)		
La Mégère apprivoisée	18	91
DUMAS (Al.)		
Mademoiselle de Belle-Isle	3	466
DUMAS (Al.) et P. MEURICE		
Hamlet (2)	2	206
DUMAS fils (A.)		
L'Ami des femmes	19	154
Le Demi-monde	8	355
La Princesse Georges	3	33

(1) Acte II.

(2) Tableau VI; tableau VII, scène I (moins le comédien), scène III (depuis l'entrée de Rosencrantz), scènes IV, V; tableaux VIII, IX.

	NOMBRE DE REPRÉSENTATIONS	
	TOTAL DE L'ANNÉE	TOTAL GÉNÉRAL
ERCKMANN (E.) et A. CHATRIAN		
L'Ami Fritz	2	337
Les Rantzau	17	132
FAUCHOIS (R.)		
L'Augusta	8	8
La Veillée des armes	2	10
FERRIER (P.)		
La Revanche d'Iris	3	235
FLERS (R. DE) et G.-A. DE CAILLAVET		
Venise	1	14
FLORIAN (J.-P. DE)		
La Bonne mère	2	15
FONSON (J.-F.)		
Les Nouveaux pauvres	4	4
FRONDAIE (P.)		
Colette Baudoche (1)	1	23
GIRETTE (M.)		
Le Passe-montagne	5	5
GREGH (F.)		
In memoriam	1	1
HARAUCOURT (E.)		
Shakespeare et Cervantès	2	2
HERVIEU (P.)		
La Course du Flambeau	12	12
Le Dédale	11	93

(1) Acte III.

	NOMBRE DE REPRÉSENTATIONS	
	TOTAL DE L'ANNÉE	TOTAL GÉNÉRAL
L'Énigme	4	151
Les Tenailles	1	104
HUGO (V.)		
Marion de Lorme (1)	3	182
Ruy Blas (2)	3	444
LABICHE (E.) et E. MARTIN		
Le Voyage de M. Perrichon	6	115
LAVEDAN (H.)		
Le Duel	11	161
Le Marquis de Priola	24	161
MANUEL (E.)		
Les Ouvriers	1	213
MARIVAUX (P. DE)		
Le Jeu de l'amour et du hasard	7	748
MAUREY (M.)		
Le Stradivarius	3	32
MEILHAC (H.) et Lud. HALÉVY		
Les Brebis de Panurge	9	69
L'Été de la Saint-Martin	6	253
MIRBEAU (O.)		
Les Affaires sont les affaires	14	148
MOLIÈRE (J.-B.)		
L'Avare	5	1 587
Le Bourgeois gentilhomme	7	550
Le Dépit amoureux	5	1 061

(1) Acte IV.
(2) Acte V.

	NOMBRE DE REPRÉSENTATIONS	
	TOTAL DE L'ANNÉE	TOTAL GÉNÉRAL
L'École des maris	2	1 239
L'Étourdi	2	504
Les Femmes savantes	2	1 274
Les Fourberies de Scapin	3	928
George Dandin, ou le Mari confondu	5	919
Le Malade imaginaire	8	1 210
Le Mariage forcé	1	963
Le Médecin malgré lui	4	1 675
Le Misanthrope	5	1 282
Les Précieuses ridicules	4	888
Tartuffe (1)	7	2 181
MOLIÈRE (J.-B.), P. CORNEILLE et P. QUINAULT		
Psyché (2)	1	152
MOREAU (E.)		
Corneille et Richelieu	1	36
MURGER (H.)		
Le Bonhomme Jadis	1	383
MUSSET (A. DE)		
A quoi rêvent les jeunes filles (3)	11	14
Un Caprice	4	371
Les Caprices de Marianne	8	217
Le Chandelier	6	136
Il ne faut jurer de rien	9	515
La Nuit d'Août	1	18
La Nuit de Mai	2	12
La Nuit d'Octobre	3	94
On ne badine pas avec l'amour	8	310

(1) Aux deux dernières représentations de cette pièce, l'affiche portait : *Le Tartuffe, ou l'Imposteur*.

(2) Acte III.

(3) Fragments : acte I, scènes I, III (20 premiers vers), IV (moins Silvio et le duc Laërte); acte II, scènes II (moins la fin), V (quelques vers dits par le duc Laërte).

	NOMBRE DE REPRÉSENTATIONS	
	TOTAL DE L'ANNÉE	TOTAL GÉNÉRAL
PAILLERON (E.)		
L'Étincelle	4	200
Le Monde où l'on s'ennuie	15	761
POIZAT (A.)		
Électre	5	49
PONSARD (F.)		
Horace et Lydie	3	226
RACINE (J.)		
Andromaque	10	938
Athalie	2	479
Bajazet	4	416
Bérénice	4	210
Britannicus	19	755
Phèdre	2	1 037
Les Plaideurs	3	1 267
REGNARD (J.-F.)		
Démocrite (1)	1	417
RENARD (J.)		
Le Plaisir de rompre	1	52
Poil de carotte	6	28
RICHEPIN (J.)		
Le Flibustier	4	169
Macbeth (2)	2	13
RIVOIRE (A.)		
L'Humble offrande	12 (3)	12
Il était une bergère...	3	76

(1) Scène. (Acte II, scène VII, moins les 8 derniers vers; acte IV, scène VII, moins les 40 premiers vers.)

(2) Tableau IV (8 premières scènes).

(3) Avant ses représentations régulières, cette pièce fut jouée une fois, à la Comédie-Française, à une matinée à bénéfice.

	NOMBRE DE REPRÉSENTATIONS	
	TOTAL DE L'ANNÉE	TOTAL GÉNÉRAL
SAINT-GEORGES DE BOUHÉLIER		
Cantate aux morts	2	2
SAMAIN (A.)		
Polyphème	3	19
SAND (Mme G.)		
Le Marquis de Villemer	7	212
SANDEAU (J.)		
Mademoiselle de la Seiglière	6	659
SARDOU (V.)		
Patrie	1	99
SCRIBE (A.-E.)		
Une Chaîne	4	251
THEURIET (A.)		
Jean-Marie	2	27
VIGNY (A. DE)		
Skylock (1)	6	19
WOLFF (P.)		
Les Deux gloires	6 (2)	6

(1) Tableau IV (moins les 3 dernières scènes).

(2) Avant ses représentations régulières, cette pièce fut jouée une fois, à la Comédie-Française, à une matinée à bénéfice.

INTERPRÉTATIONS

DE TOUTES LES PIÈCES JOUÉES DANS L'ANNÉE

A QUOI RÊVENT LES JEUNES FILLES (1)

Le Duc Laërte	MM. Numa, Polack.
Ninette.	Mmes Lifraud, Nizan.
Ninon	Valpreux.
Flora	Henry.

LES AFFAIRES SONT LES AFFAIRES

Isidore Lechat.	MM. de Féraudy.
Le Marquis de Porcellet.	Delaunay, Fenoux.
Le Vicomte de la Fontenelle	Mayer, Allioux.
Gruggh	Siblot, Numa.
Jean.	Falconnier, Chaize.
Le Jardinier chef	Lafon.
Lucien Garraud	Le Roy.
Xavier Lechat	Rocher.
Le Garçon jardinier	Hiéronimus, Dufresne.
Phinck.	Allioux, Numa.
Un Capitaine retraité.	Chaize, Ligny.
Le Juge de paix	Rivière, Ligny.
Mme Isidore Lechat	Mmes Pierson.
Germaine Lechat	Lara, Robinne.
Julie	Lherbay.
La Femme du docteur	Even.
La Femme du juge de paix (2) . . .	de Chauveron.
La Femme du percepteur.	Roussel.

(1) Fragments : Acte I, scènes I, III (20 premiers vers), IV (moins Silvio et le duc Laërte); acte II, scènes II (moins la fin), V (quelques vers dits par le duc Laërte).

(2) A la représentation du 9 Avril les répliques de ce rôle ont été dites par Mlle Even.

L'AMI DES FEMMES

De Ryons	MM.	Duflos.
Des Targettes		Delaunay, Allioux.
Leverdet		Mayer, Denis d'Inès.
De Montègre		Fenoux.
De Simerose		Grand, Lehmann.
Joseph		Falconnier, Dufresne,
De Chantrin		Polack, Numa.
Un Domestique		Chaize.
Mlle Hackendorf	Mmes	Robinne
Balbine Leverdet		Bovy.
Mme Leverdet		Devoyod.
Jane de Simerose		Valpreux.
Une Femme de chambre		Roussel.

L'AMI FRITZ

David Sichel	MM.	de Féraudy.
Fritz Kobus		Grand.
Hanezo		Siblot.
Un Faucheur		Falconnier.
Joseph		Polack, Dehelly.
Christel		Allioux, Lafon.
Frédéric		Barral, Denis d'Inès.
Suzel	Mmes	Leconte.
Catherine		Kolb.
Lisbeth		Faber.

ANDROMAQUE

Pyrrhus	MM.	P. Mounet, Fenoux.
Pylade		Fenoux, Le Roy, Alcover.
Oreste		de Max.
Phœnix		Alcover, Ravet.
Andromaque	Mmes	Bartet, Ducos.
Hermione		Weber, Roch, Delvair.
Céphise		Ducos, Rémy.
Cléone		Rémy, Garay-Myriel.

L'ANGLAIS TEL QU'ON LE PARLE

Eugène . . . . MM. de Féraudy, Bernard.
Hogson . . . . Grand, Numa.
Un Inspecteur . . . . Lafon, Allioux.
Julien Cicandel . . . . Rocher.
Un Garçon . . . . Barral, Croué, Hiéronimus.
Betty . . . . Mmes Robinne.
La Caissière . . . . Faber.

ATHALIE

Joad . . . . MM. Silvain.
Abner . . . . P. Mounet.
Mathan . . . . Fenoux.
Nabal . . . . Ravet.
Ismaël . . . . Le Roy.
Zacharie . . . . Rocher.
Azarias . . . . Gaillard.
Un Lévite . . . . Lehmann.
Un Lévite . . . . Chaize.
Un Lévite . . . . Dufresne.
Athalie . . . . Mmes Weber.
Josabeth . . . . L. Silvain.
Joas . . . . Bovy.
Une Jeune fille juive . . . . Ducos.
Salomith . . . . Rémy.
Une Jeune fille juive . . . . Valpreux.
Une Jeune fille juive . . . . Guintini.
Agar . . . . Garay-Myriel.
Une Suivante . . . . Roussel.

L'AUGUSTA

Métellus . . . . MM. Albert-Lambert.
Claude . . . . P. Mounet.
Posidès . . . . Lafon.
Messaline . . . . Mmes Piérat.
Fulvie . . . . Ducos.

L'AVARE

Harpagon	MM.	de Féraudy.
La Flèche		Croué.
Maître Jacques		Bernard.
Maître Simon		Falconnier.
Anselme		Ravet.
Un Commissaire		Lafon.
Cléante		Rocher.
Brindavoine		Hiéronimus.
Valère		Lehmann.
La Merluche		Dufresne.
Frosine	Mmes	Kolb.
Marianne		Nizan.
Élise		Duflos.

L'AVENTURIÈRE

Monte-Prade	MM.	Silvain, Mayer.
Don Annibal		Berr, P. Mounet.
Fabrice		Duflos, Albert-Lambert, Leitner.
Horace		Rocher.
Dario		Allioux.
Un Valet		Chaize.
Doña Clorinde	Mmes	Sorel.
Célie		Lifraud, Ducos, Nizan.

LE BAISER

Pierrot	M.	Berr.
La Fée Urgèle	Mmes	Lifraud, Colonna Romano.

BAJAZET

Acomat	MM.	Silvain.
Bajazet		Albert-Lambert.
Osmin		Ravet.

Roxane	Mmes	Weber.
Atalide		Roch.
Zaïre		Colonna Romano.
Zatime		Guintini.

LE BARBIER DE SÉVILLE

Figaro	MM.	Berr, Croué.
Le Comte Almaviva		Grand, Dehelly.
Bartholo		Siblot.
Un Notaire		Falconnier, Dufresne.
La Jeunesse		Lafon, Dufresne.
Don Bazile		de Max.
L'Éveillé		Hiéronimus.
Un Alcade		Chaize.
Rosine	Mlle	Leconte.

BÉRÉNICE

Antiochus	MM.	Albert-Lambert.
Titus		P. Mounet, Fenoux.
Rutile		Falconnier.
Arsace		Le Roy.
Paulin		Polack, Ravet.
Bérénice	Mmes	Bartet.
Phénice		Rémy, Ducos.

BLANCHETTE

Rousset	MM.	de Féraudy.
Morillon		Siblot.
Le Facteur		Falconnier, Chaize.
M. Galoux		Lafon.
Auguste Morillon		Le Roy.
Georges Galoux		Rocher.
Le Cantonnier		Barral.
Un Voiturier		Chaize, Dufresne.
Mme Rousset	Mmes	Kolb.
Élise Rousset (Blanchette)		Piérat.

Lucie Galoux	Mmes	Maille.
Mme Jules.		Lherbay.

LE BONHOMME JADIS

Octave.	MM.	Dehelly.
Le Bonhomme Jadis		Siblot.
Jacqueline.	Mme	Lifraud.

LA BONNE MÈRE

Duval	MM.	Rocher.
Un Valet de ferme.		Hiéronimus.
Le Tabellion		Chaize.
Arlequin.	Mmes	Bovy.
Lucette		Lifraud.
Mathurine		Dux.

BOUBOUROCHE

Boubouroche	MM.	Bernard.
Roth		Falconnier.
André		Guilhène, Dehelly.
Un Vieux monsieur.		Denis d'Inès.
Potasse		Barral.
Un Garçon de café.		Chaize.
Fouettard		Dufresne.
Adèle	Mme	Lara.

LE BOURGEOIS GENTILHOMME

M. Jourdain.	MM.	de Féraudy.
Un Maître de philosophie.		Berr.
Cléonte		Dehelly.
Dorante		Mayer.
Covielle		Croué.
Un Garçon tailleur.		Falconnier.
Un Maître d'armes		Ravet.
Un Maître tailleur.		Lafon.
Un Maître à danser.		Denis d'Inès.

Un Maître de musique.	MM.	Lehmann.
Un Laquais.		Chaize.
Un Laquais.		Dufresne.
Mme Jourdain.	Mmes	Kolb.
Dorimène		Robinne.
Nicole		Bretty.
Lucile		Nizan.

ENTRÉES DE BALLETS ET DIVERTISSEMENTS (1).

Chacone et rigodon dansés par Mmes Lara, Leconte, Cerny, Duflos.
Chant : MM. Mallet, Krummacher; Mmes Nieras, Cartier.
Danse : MM. A. Denizart, F. Marionneau, J. Ricaux, A. Pacaud; Mmes M. Roselly, L. Lamballe, J. Simoni, A. Faivre, O. Barban, C. Dargyl.

CÉRÉMONIE TURQUE

Un Maître de cérémonie.	MM.	Denis d'Inès.
Le Mufti.		Chalmin.

LES BREBIS DE PANURGE

Jacques Durand.	MM.	Mayer.
Antoine		Dufresne, Falconnier.
Marthe Nervil.	Mmes	Cerny.
Gabrielle Darcey		Colonna Romano.

BRITANNICUS

Narcisse	MM.	Silvain, Leitner, Fenoux.
Burrhus		P. Mounet, Silvain.
Britannicus		Fresnay, Le Roy, Gaillard, Rocher.
Néron		de Max.
Agrippine.	Mmes	Weber, Roch, L. Silvain.
Junie.		Guintini, Ducos, Rémy, Colonna Romano, Maille.
Albine.		Garay-Myriel.

(1) Réglés par Mlle Chasies.

CANTATE AUX MORTS

Le Héros . . . . M. Albert-Lambert.
La Patrie . . . . Mmes Roch.
La Jeune fille. . . . . de Charmoy.

UN CAPRICE

M. de Chavigny . . . . MM. Duflos.
Un Domestique . . . . Falconnier.
Mme de Léry . . . . Mmes Cerny.
Mathilde. . . . . Maille.

LES CAPRICES DE MARIANNE

Octave . . . . MM. Duflos.
Claudio . . . . Siblot.
Tibia. . . . . Croué.
Malvolio. . . . . Falconnier.
Cœlio . . . . Le Roy.
Un Garçon d'auberge . . . . Chaize.
Marianne . . . . Mmes Sorel.
Ciuta . . . . Lherbay.
Hermia . . . . Dux.

UNE CHAINE

Hector Ballandard. . . . . MM. Berr.
M. de Saint-Géran . . . . Fenoux.
Emmeric d'Albret. . . . . Grand.
Clérambeau . . . . Siblot.
Olivier . . . . Falconnier, Dufresne.
Julien. . . . . Chaize.
Louise de Saint-Géran . . . . Mmes Cerny.
Aline Clérambeau. . . . . Duflos.

LE CHANDELIER

Clavaroche . . . . MM. Fenoux.
Maître André . . . . Bernard.

Guillaume	MM.	Lafon.
Landry.		Lehmann.
Un Jardinier.		Chaize.
Jacqueline.	Mmes	Sorel.
Fortunio.		Piérat.
Madeleine		de Chauveron.

LE CHANT DU DÉPART

Un Vieillard.	MM.	Silvain.
Un Représentant du peuple.		Leitner.
Un Soldat		Ravet.
Une Épouse	Mmes	Bartet.
Une Mère de famille.		Pierson.
Une Jeune fille.		Delvair.
Un Enfant		Ducos.

LE CID

Don Diègue.	MM.	Silvain, P. Mounet.
Don Rodrigue		Albert-Lambert.
Don Gomez, comte de Gormas . . .		P. Mounet, Ravet.
Don Sanche		Leitner, Gaillard.
Don Fernand, roi de Castille.		Fenoux.
Don Arias.		Le Roy, Falconnier.
Don Alonse.		Polack, Valbel, Alcover.
Chimène	Mmes	Weber, Delvair.
Léonor		Lherbay.
Doña Elvire		Even.
Doña Urraque, infante de Castille. .		Ducos.
Un Page.		Dahon.

CINNA

Octave-César-Auguste	MM.	Silvain.
Cinna		Albert-Lambert.
Maxime		Leitner.
Évandre		Falconnier.
Euphorbe		Ravet.

Émilie.	Mmes Weber.
Livie	Roch.
Fulvie.	Ducos.

COLETTE BAUDOCHE (1)

Frédéric Asmus	MM. Numa.
Christian Tarrail.	Denis d'Inès.
Mme Baudoche.	Mmes Pierson.
Colette Baudoche.	Leconte.
Mme Krauss.	Kolb.

CORNEILLE ET RICHELIEU

Corneille	MM. Silvain.
Richelieu	Fenoux.
Un Jeune capucin.	Falconnier.

LA COURSE DU FLAMBEAU

Maravon	MM. Mayer.
Stangy	Grand.
Le Docteur	Ravet.
Didier Maravon.	Le Roy, Lehmann.
Gribert	Denis d'Inès, Lafon.
Jirbin	Lehmann, Rocher.
Constant.	Chaize.
Sabine Revel	Mmes Bartet.
Mme Fontenais.	Pierson.
Marie-Jeanne	Bovy.
Mme Ponthionne	Devoyod, Garay-Myriel.
Mme Gribert	Even, Lherbay.
Léonie	Guintini, Rémy.
Béatrice.	Nizan.
Jenny	Roussel.
Une Femme de chambre	Rifflet.

(1) Acte III.

LE DÉDALE

Max de Pogis	MM.	Albert-Lambert.
Guillaume Le Breuil.		P. Mounet.
Vilard-Duval.		Delaunay, Ravet.
Hubert de Saint-Éric.		Mayer.
Le Docteur		Siblot.
Un Domestique		Chaize.
Marianne	Mmes	Bartet.
Mme Vilard-Duval.		Pierson.
Paulette		Leconte
Mme de Pogis		Dux.
Le Petit Louis.		Fleury.

LE DEMI-MONDE

Olivier de Jalin	MM.	Duflos.
De Thonnerins		Delaunay, Bernard.
De Nanjac.		Fenoux, Albert-Lambert.
Un Domestique		Falconnier, Dufresne.
Hippolyte Richond		Allioux, Numa.
Un Domestique		Chaize.
Un Domestique.		Rivière.
La Baronne Suzanne d'Ange	Mmes	Sorel.
La Vicomtesse de Vernières		Fayolle.
Marcelle		Maille.
Valentine de Santis.		Faber, Dussane.
Une Femme de chambre		Roussel.

DÉMOCRITE (1)

Strabon	M.	Denis d'Inès.
Cléanthis	Mme	Dussane.

LE DÉPIT AMOUREUX

Gros-René	MM.	Berr, Croué
Éraste.		Le Roy, Dehelly.

(1) Scène. (Acte II, scène VII, moins les 8 derniers vers; acte IV, scène VII, moins les 40 premiers vers.)

Valère	MM.	Polack, Rocher, Lehmann.
Mascarille		Barral, Denis d'Inès.
Lucile	Mmes	Lifraud, Bovy, Nizan.
Marinette		de Chauveron, Faber, Bretty.

LES DEUX GLOIRES

Le Père Baudoin	MM.	de Féraudy, Bernard.
Jacques		Rocher.
Louisette	Mmes	Bovy.
Mme Philippe (1)		Dux, Kolb.

LES DISPUTES DE LA SAINT-JEAN

Le Juge Zapata	MM.	Bernard.
Un Portefaix		Ravet.
Ganchoso		Numa.
Le Greffier Lazarille		Lafon.
Le Procureur Torribio		Denis d'Inès.
Gilberto.		Rocher.
Un Huissier		Hiéronimus.
Guzman		Barral.
Canizarès		Alcover.
Bélica.	Mmes	Leconte.
Le Gracioso.		Bovy.
Antonia.		Lifraud.
Arlaxa.		Faber.
Margarita.		Even.
Mariana.		Ducos.
Christina		Guintini.
Chirinos.		Nizan.
Hortigosa.		Duflos.

LE DUEL

L'Abbé Daniel	MM.	Albert-Lambert.
Monseigneur Bolène		P. Mounet.
Le Docteur Morey		Duflos.

(1) Ce rôle, à une représentation à bénéfice, donnée à la Comédie-Française, fut créé par Mme J. Granier.

Un Domestique	MM.	Falconnier.
Le Portier		Lafon.
Un Chinois.		Hiéronimus.
Un Infirmier		Chaize.
La Duchesse de Chailles.	Mmes	Delvair, Piérat.
Yvonne		Lherbay.

L'ÉCOLE DES MARIS

Ariste	MM.	Silvain.
Valère.		Dehelly.
Sganarelle.		Bernard.
Le Notaire		Falconnier.
Le Commissaire.		Lafon.
Ergaste		Hiéronimus.
Isabelle.	Mmes	Piérat.
Léonor		Maille.
Lisette		Bretty.

ÉLECTRE

Le Gouverneur d'Oreste.	MM.	Silvain.
Oreste		Albert-Lambert.
Égisthe		Ravet.
Pylade.		Alcover.
Chrysothémis	Mmes	Lara.
Électre.		L. Silvain.
Clytemnestre.		Roch.
Une Choreute.		Rémy.
Une Choreute.		Garay-Myriel.

L'ÉNIGME

Vivarce.	MM.	Albert-Lambert.
Le Marquis de Neste.		Leitner.
Gérard de Gourgiran.		Duflos, Ravet.
Raymond de Gourgiran		Mayer.
Laurent.		Falconnier.
Un Domestique		Chaize.

Léonore de Gourgiran	Mmes Bartet.
Giselle de Gourgiran	Delvair.

L'ÉTÉ DE LA SAINT-MARTIN

Briqueville	MM. de Féraudy, Siblot.
Noël	Le Roy.
Adrienne.	Mmes Leconte, Valpreux.
Mme Lebreton	Kolb, Fayolle.

L'ÉTINCELLE

Raoul de Géran.	M. Dehelly.
Antoinette.	Mmes Dussane, Faber.
Léonie de Rénat	Damaury, Sorel.

L'ÉTOURDI

Mascarille	MM. Berr.
Lélie.	Dehelly.
Trufaldin	Siblot.
Pandolfe.	Ravet.
Léandre.	Numa.
Anselme.	Lafon.
Andrès.	Rocher.
Ergaste	Barral.
Un Courrier.	Dufresne.
Célie.	Mmes Bovy.
Hippolyte	Duflos.

LES FEMMES SAVANTES

Ariste.	MM. Silvain, Fenoux.
Trissotin	Berr.
Clitandre	Grand, Lehmann.
Chrysale	Siblot.
Vadius.	Croué, Denis d'Inès.
Un Notaire	Lafon.
Lépine	Hiéronimus.
Julien.	Chaize.

Armande	Mmes	Bartet.
Henriette		Leconte.
Bélise		Fayolle.
Philaminte		Devoyod.
Martine		Bretty.

LA FIGURANTE

Théodore de Monneville	MM.	de Féraudy.
Henri de Renneval		Duflos.
Françoise de Renneval	Mmes	Leconte.
Hélène de Monneville		Cerny.

LA FILLE DE ROLAND

Le Comte Amaury	MM.	Silvain.
Gérald		Albert-Lambert.
L'Empereur Charlemagne		P. Mounet.
Ragenhardt		Leitner.
Noéthold		Fenoux.
Le Duc Nayme		Ravet.
Geoffroy		Guilhène, Polack.
Radbert		Le Roy.
Hardré		Rocher.
Richard		Allioux.
Berthe	Mmes	Weber.
Théobald		Ducos, Dahon.

LE FLIBUSTIER

François Legoëz	MM.	P. Mounet.
Jacquemin		Leitner.
Pierre		Fenoux.
Un Vieux pêcheur		Falconnier.
Un Pêcheur		Chaize.
Janik	Mmes	Leconte, Ducos.
Marie-Anne		Fayolle, Kolb.
Une Vieille femme		Lherbay.
Une Jeune fille		Rifflet.

LA FONTAINE DE JOUVENCE

Archis . . . . MM. Delaunay.
Un Berger d'Arcadie . . . . Polack.
Télamon. . . . . Rocher.
Daméta . . . . Mmes Roch.
Néère . . . . Lifraud.

LES FOURBERIES DE SCAPIN

Octave. . . . . MM. Dehelly, Guilhène.
Argante . . . . Siblot.
Scapin. . . . . Croué.
Sylvestre . . . . Denis d'Inès.
Carle . . . . Hiéronimus.
Léandre . . . . Lehmann.
Géronte . . . . Barral.
Hyacinthe . . . . Mmes Lifraud, Bovy, Nizan.
Zerbinette . . . . Faber, Dussane.
Nérine. . . . . Lherbay.

LE GENDRE DE M. POIRIER

M. Poirier. . . . . MM. de Féraudy.
Le Duc Hector de Montmeyran. . . Leitner, Fenoux.
Le Marquis Gaston de Presles . . . Dullos.
Verdelet . . . . Siblot, Lafon.
François . . . . Falconnier, Allioux.
Chevassus . . . . Lafon, Falconnier.
Vatel . . . . Barral.
Un Domestique. . . . . Chaize.
Antoinette . . . . Mlle Leconte.

GEORGE DANDIN, OU LE MARI CONFONDU

Clitandre . . . . MM. Mayer.
George Dandin. . . . . Bernard.
M. de Sotenville. . . . . Lafon.
Lubin . . . . Denis d'Inès.

Colin . . . . M. Hiéronimus.
Claudine . . . . Mmes Dussane.
Angélique . . . . Robinne.
Mme de Sotenville . . . . Even.

GRINGOIRE

Louis XI . . . . MM. Silvain, Ravet.
Pierre Gringoire . . . . Berr.
Simon Fournier . . . . Lafon.
Olivier-le-Daim . . . . Le Roy, Ravet, Allioux.
Loyse . . . . Mmes Lara.
Nicole Andry . . . . Faber.

HAMLET (1)

Le Roi . . . . MM. Silvain.
Hamlet . . . . Albert-Lambert.
Le Spectre . . . . P. Mounet.
Polonius . . . . Siblot.
Horatio . . . . Alcover.
Rosencrantz . . . . Guilton.
La Reine . . . . Mmes Delvair.
Ophélie . . . . Valpreux.

LES HONNÊTES FEMMES

Lambert . . . . M. Polack.
Geneviève . . . . Mmes Lifraud.
Louise . . . . Lherbay.
Mme Chevalier . . . . Dux.

HORACE

Le Vieil Horace . . . . MM. Silvain.
Curiace . . . . Albert-Lambert.
Horace . . . . P. Mounet.
Tulle . . . . Grand, Ravet.
Flavian . . . . Falconnier.
Valère . . . . Le Roy, Leitner.

(1) Tableau VI; tableau VII, scène I (moins le comédien), scène III (depuis l'entrée de Rosencrantz), scènes IV, V; tableaux VIII, IX.

Procule	MM. Polack, Alcover.
Camille	Mmes Delvair, L. Silvain, Weber.
Sabine	Roch, Delvair.
Julie	Ducos.

HORACE ET LYDIE

Horace.	M. Le Roy.
Lydie	Mmes Maille.
Beroé	Lherbay.

L'HUMBLE OFFRANDE

Le Poète	M. Berr.
Sa Muse.	Mlle Leconte.

IL ÉTAIT UNE BERGÈRE...

Le Berger.	M. Berr.
La Princesse	Mmes Lara.
La Bergère	Bovy, Lifraud.

IL NE FAUT JURER DE RIEN

Van Buck	MM. Siblot.
Un Abbé	Bernard, Berr.
Un Aubergiste	Falconnier.
Valentin van Buck.	Le Roy, Dehelly.
Un Maître de danse	Hiéronimus.
Un Paysan	Chaize, Dufresne.
Un Domestique	Rivière, Chaize.
La Baronne de Mantes.	Mmes Pierson.
Cécile	Nizan, Lifraud.

IN MEMORIAM

Poème dit par Mlle Bartet.

JEAN-MARIE

Joël.	MM. Delaunay.
Jean-Marie.	Fenoux.
Thérèse	Mlle Delvair.

LE JEU DE L'AMOUR ET DU HASARD

Pasquin.	MM.	Berr, Hiéronimus.
Dorante.		Grand, Guilhène.
Orgon		Siblot, Lafon.
Mario.		Fresnay, Rocher, Dehelly.
Un Laquais.		Chaize.
Silvia.	Mmes	Bartet, Valpreux.
Lisette		Leconte, Bovy, Faber.

LE LUTHIER DE CRÉMONE

Filippo	MM.	Leitner.
Taddeo Ferrari.		Lafon, Siblot.
Sandro		Rocher.
Giannina.	Mlle	Ducos.

MACBETH (1)

Macbeth	MM.	P. Mounet.
Banquo.		Alcover.
Seyton.		Guilton.
Lady Macbeth.	Mmes	Bartet.
Fléance		Dahon.

MADEMOISELLE DE BELLE-ISLE

M. le Duc de Richelieu.	MM.	Mayer.
Le Chevalier d'Aubigny.		Grand.
M. le Chevalier d'Auvray.		Polack, Lehmann.
Chamillac.		Fresnay, Rocher.
M. le Duc d'Aumont.		Barral.
Un Laquais.		Chaize.
Mme la Marquise de Prie	Mmes	Sorel.
Mariette		Dussane.
Mlle Gabrielle de Belle-Isle		Colonna Romano.

(1) Tableau IV (8 premières scènes).

MADEMOISELLE DE LA SEIGLIÈRE

Destournelles	MM.	Berr.
Bernard		Grand.
Le Marquis de la Seiglière.		Siblot.
Jasmin.		Lafon.
Raoul de Vaubert		Guilhène, Rocher.
La Baronne de Vaubert.	Mmes	Devoyod.
Hélène.		Valpreux.

LE MALADE IMAGINAIRE

Thomas Diafoirus	MM.	Berr, Croué.
M. Purgon.		Fenoux, Ravet.
Argan		Siblot.
M. Fleurant		Falconnier.
M. Diafoirus.		Lafon.
Béralde		Polack, Numa.
Cléante.		Rocher, Deheily.
M. de Bonnefoi		Barral.
Toinette	Mmes	Kolb, Boyer, Dussane.
Béline		Damaury.
Angélique		Duflos, Rémy.
Louison		La Petite Bourdin.

LA MARCHE NUPTIALE

Claude Morillot.	MM.	Berr.
Roger Lechâtelier		Grand.
Clozières		Lafon.
Vicomte de Saussy.		Polack, Le Roy, Guilton, Lehmann.
D'Andely		Rocher, Hiéronimus.
Général Duplessis-Latour		Armand, Allioux.
Eugène.		Barral, Hiéronimus.
Charles.		Charlet, Rivière.
François		Chaize, Dufresne.
Un Porteur de piano.		d'Herville, Dufresne.

Suzanne Lechâtelier	Mmes	Lara.
Grâce de Plessans		Piérat.
Mlle Aimée		Bovy.
Mme Clozières		Faber.
Mme de Plessans		Even, Lherbay.
Mariette de Plessans		Ducos, Nizan.
Mlle d'Andely		de Chauveron, Rémy.
Mme Grillat		Bretty, de Chauveron.
Hortense de Plessans		Guintini.
Maguet		Dahon, Henry, Nizan.
Miette		Henry, Raymonne, Lubineau, Reusiot.
Julienne		Guesnier, Henry, Lubineau.
Nelly Lechâtelier		Les Petites Lesseigne, Bourdin.

LE MARIAGE DE FIGARO

Figaro	MM.	Berr.
Le Comte Almaviva		Fenoux.
Don Gusman Brid'oison		Siblot.
Un Huissier audiencier		Falconnier.
Bartholo		Lafon.
Bazile		Polack, Ravet.
Grippe-Soleil		Fresnay, Hiéronimus.
Pédrille		Hiéronimus, Chaize.
Doublemain		Allioux.
Antonio		Barral, Croué.
Chérubin	Mmes	Leconte, Bovy.
La Comtesse		Sorel.
Suzanne		Cerny.
Marceline		Fayolle.
Fanchette		Lifraud.

LE MARIAGE DE HOCHE

Lazare Hoche	MM.	Grand.
De Belle		Numa.
Déchaux		Lafon.

Déla	Mmes	Leconte.
Une Vendeuse de fleurs.		de Chauveron.
Justine		Duflos.

LE MARIAGE FORCÉ

Géronimo	MM.	Silvain.
Marphurius		de Féraudy.
Alcantor		P. Mounet.
Pancrace		Berr.
Alcidas.		Duflos.
Sganarelle.		Siblot.
Lycaste		Le Roy.
Dorimène	Mmes	Sorel.
1re Égyptienne.		Bovy.
Égyptienne		Faber.
Égyptienne.		Ducos.
2e Égyptienne		de Chauveron.
Égyptienne.		Valpreux.
Égyptienne.		Nizan.
Égyptienne.		Duflos.

DIVERTISSEMENT (1).

Mmes Chasles, M. Lequien.

MARION DE LORME (2)

Le Marquis de Nangis.	MM.	Silvain.
L'Angely		Berr.
Louis XIII.		Duflos.
Le Duc de Bellegarde		Delaunay, Numa.
M. de Laffemas		Fenoux.
M. de Rohan.		Le Roy.
Le Comte de Charnacé		Polack.
L'Abbé de Gondi		Rocher.
Un Mousquetaire		Allioux.
Un Hallebardier.		Guilton.

(1) Réglé par Mlle Chasles.
(2) Acte IV.

Le Duc de Beaupréau.	M. Chaize.
Marion de Lorme	Mlle Bartet.

LE MARQUIS DE PRIOLA

Le Marquis de Priola.	MM. Dullos
Le Chesne.	Fenoux, Denis d'Inès, Allioux.
Brabançon	Bernard.
Un Domestique.	Falconnier.
Le Docteur Savières	Numa.
Pierre Morain.	Le Roy.
Un Monsieur	Hiéronimus.
Un Monsieur	Guilton, Lehmann.
Un Domestique	Chaize.
Mme de Valleroy	Mmes Sorel.
Mme Savières.	Delvair.
Mme Le Chesne.	Robinne.
Une Femme de chambre	Lherbay.
	Mme Roussel.

LE MARQUIS DE VILLEMER

Urbain, marquis de Villemer	MM. Leitner.
Gaétan, duc d'Aléria.	Dullos.
Le Comte de Dunières	Siblot.
Pierre	Ravet.
Benoit.	Lafon.
La Marquise de Villemer	Mmes Pierson.
Caroline de Saint-Geneix	Lara.
Léonie, baronne d'Arglade	Faber.
Diane de Saintrailles	Dullos.

LE MÉDECIN MALGRÉ LUI

Sganarelle.	MM. de Féraudy, Croué.
Valère	Leitner, Ravet.
M. Robert	Falconnier.
Lucas	Lafon, Denis d'Inès.
Léandre	Rocher, Dehelly.

Géronte	MM. Barral, Siblot.
Martine	Mmes Boyer, de Chauveron.
Lucinde	Bovy, Lifraud.
Jacqueline	Faber, Boyer.

LA MÉGÈRE APPRIVOISÉE

Petruccio	MM. Grand.
Baptista	Siblot.
Grumio	Croué.
Grégorio	Falconnier, Dufresne.
Le Cuisinier	Lafon.
Hortensio.	Polack, Numa.
Cambio	Rocher.
Filippo	Hiéronimus.
Nathaniel.	Allioux.
Le Tailleur.	Barral.
Nicolas	Chaize.
Catharina	Mmes Sorel.
Bianca	Lifraud.
Curtis.	Faber.

LE MENTEUR

Géronte	MM. Silvain.
Dorante	Dehelly.
Philiste.	Le Roy.
Cliton	Denis d'Inès.
Alcippe.	Rocher.
Sabine	Mmes Kolb.
Isabelle.	Boyer.
Clarice	Maille.
Lucrèce	Duflos.

LE MISANTHROPE

Alceste	MM. Duflos, Leitner, Grand.
Acaste.	Dehelly.
Philinte	Mayer.
Basque (un valet)	Falconnier.

Oronte.	MM.	Numa, Fenoux.
Clitandre		Rocher.
Dubois		Barral.
Un Garde		Chaize.
Célimène	Mmes	Cerny, Sorel.
Éliante.		Maille, Lara.
Arsinoé		Devoyod.

LE MONDE OÙ L'ON S'ENNUIE

Paul Raymond	MM.	Berr, Numa.
Bellac.		Delaunay, Fenoux.
Roger de Céran		Grand, Lehmann.
Desmillets.		Siblot, Croué.
François		Falconnier.
De Saint-Réault.		Lafon.
Gaïac		Polack, Dufresne.
Melchior de Boines		Hiéronimus.
Toulonnier		Allioux.
Le Général de Briais (1)		Barral, Bernard.
Virot		Guilton, Denis d'Inès.
La Duchesse de Réville.	Mmes	Pierson.
Suzanne de Villiers		Leconte, Maille, Nizan.
Mme de Loudan.		Fayolle.
Lucy Watson.		Robinne, Lara.
La Comtesse de Céran		Devoyod.
Jeanne Raymond		Lifraud, Duflos.
Mme Arriégo		Faber.
Mme de Boines		Even.
Mme de Saint-Réault		de Chauveron, Rémy.

NICOMÈDE

Prusias	MM.	Silvain.
Nicomède		Albert-Lambert.
Flaminius		Fenoux, Ravet.
Attale		Le Roy.
Araspe.		Alcover.

(1) Sur l'affiche : Le Sénateur.

Laodice	Mmes Weber.
Arsinoé	Roch.
Cléone	Lherbay.

LES NOUVEAUX PAUVRES

Paul.	MM. de Féraudy.
Jean.	Le Roy.
Mélanie	Mmes Devoyod.
Hélène.	Duflos.

LA NOUVELLE IDOLE (1)

Albert Donnat	MM. de Féraudy.
Denis	Croué.
Maurice Cormier	Le Roy.
Louise Donnat	Mlle Bartet.

LA NUIT D'AOUT

Le Poète.	M. Albert-Lambert.
La Muse.	Mlle Roch.

LA NUIT DE MAI

Le Poète	M. Gaillard.
La Muse.	Mlle Ducos.

LA NUIT D'OCTOBRE

Le Poète.	M. Albert-Lambert.
La Muse. . . . , ...	Mlle Bartet.

ON NE BADINE PAS AVEC L'AMOUR

Maître Blazius.	MM. Bernard.
Maître Bridaine	Lafon
Perdican.	Le Roy, Dehelly.
Le Baron	Denis d'Inès.
Chœur des jeunes gens	Rocher.

(1) Acte II.

Chœur des vieillards	MM.	Barral, Ravet.
Un Paysan		Chaize.
Camille	Mmes	Lara, Colonna Romano.
Dame Pluche		Fayolle.
Rosette		Bovy.

LES OUVRIERS

Morin.	MM.	Silvain.
Marcel		Leitner.
Jeanne	Mmes	L. Silvain.
Hélène		Rémy.

LA PAIX CHEZ SOI

Trielle.	M.	Le Roy.
Valentine	Mme	Dussane.

LE PASSANT

Silvia.	Mmes	Roch, Weber.
Zanetto.		Bovy, Colonna Romano, Ducos.

LE PASSE-MONTAGNE

Octave.	M.	Numa.
Maria	Mmes	Lherbay.
Marguerite		Duflos.

PATRIE

Le Comte de Rysoor	MM.	Silvain.
Karloo van der Noot		Albert-Lambert.
Le Duc d'Albe		P. Mounet.
Vargas.		Leitner.
Le Marquis de la Trémoïlle		Duflos.
Rincoñ		Delaunay.
Noircarmes		Fenoux.
Le Sonneur Jonas.		Siblot.
Maître Alberti		Falconnier.
Un Espion.		Falconnier.

Bakkerzeel	MM.	Lafon.
Un Pasteur.		Lafon.
Miguel.		Polack.
Un Enseigne.		Hiéronimus.
Perez.		Hiéronimus.
Galéna.		Paupélix.
Delrio (1).		Allioux.
Goberstraet		Valbel.
Cornélis		Valbel.
Maître Charles.		Chaize.
Domingo.		Rivière.
Pacheco		Rivière.
Cortadilla		Ligny.
Doña Dolorès	Mmes	Delvair.
Sarah Mathisoon.		L. Silvain.
Gudule.		Lherbay.
Une Duègne.		Even.
Doña Rafaële		Ducos.
Une Ribaude		Bretty.
Josuah Koppestock		Dahon.

LE PÈRE LEBONNARD

Lebonnard	MM.	Silvain.
Le Docteur André.		Leitner.
Le Marquis d'Estrey		Numa.
Robert Lebonnard		Rocher.
Un Domestique		Chaize.
Marthe.	Mmes	Kolb.
Mme Lebonnard.		L. Silvain.
Jeanne Lebonnard.		Maille.
Blanche d'Estrey.		Guintini.

PHÈDRE

Théramène	MM.	Silvain.
Hippolyte		Albert-Lambert.
Thésée		P. Mounet.

(1) Rôle fondu avec celui de Navarra.

Phèdre.	Mmes Weber.
Œnone	L. Silvain.
Panope	Lherbay.
Aricie	Ducos.
Ismène	Garay-Myriel.

LES PLAIDEURS

L'Intimé.	MM. Berr.
Léandre	Dehelly.
Dandin	Siblot, Croué.
Petit-Jean	Lafon, Croué.
Le Souffleur.	Hiéronimus.
Chicaneau.	Barral.
La Comtesse	Mmes Fayolle.
Isabelle	Bovy, Lifraud, Nizan.

LE PLAISIR DE ROMPRE

Maurice	M. Guilhène.
Blanche	Mme Robinne.

POIL DE CAROTTE

M. Lepic.	M. Bernard.
Poil de carotte.	Mmes Leconte.
Mme Lepic	Fayolle.
Annette	Dussane, Faber.

POLYEUCTE

Félix.	MM. Silvain, Ravet.
Sévère.	Albert-Lambert, Fenoux.
Néarque	Fenoux, Le Roy.
Cléon	Falconnier.
Albin.	Ravet, Alcover.
Fabian.	Le Roy, Alcover, Allioux.
Polyeucte	de Max, Albert-Lambert.
Pauline	Mmes Weber, L. Silvain, Delvair, Roch.
Stratonice	Delvair, Garay-Myriel.

POLYPHÈME

Polyphème	MM.	Albert-Lambert.
Acis		Rocher.
Galatée	Mmes	Bovy.
Lycas		Lifraud.

LES PRÉCIEUSES RIDICULES

Mascarille	MM.	Berr.
1er Porteur		Falconnier.
Gorgibus		Lafon.
La Grange		Polack, Debelly, Rocher.
Du Croisy		Fresnay, Rocher, Le Roy, Lehmann.
2e Porteur		Hiéronimus.
Jodelet		Barral, Croué.
Un Violon		Chaize.
Madelon	Mmes	Leconte, Faber, de Chauveron.
Cathos		Faber, de Chauveron, Dussane.
Marotte		Lherbay.

LA PREMIÈRE BÉRÉNICE

Le Chanoine Sconin	MM.	Silvain.
Martin		Lafon.
Jean Racine		Le Roy.
Sylvie	Mmes	Robinne.
Mariette		Bovy.
Rosine		Bretty, Dussane.

PRIMEROSE

Le Cardinal de Merance	MM.	de Féraudy, Bernard.
Pierre de Lancrey		Grand.
Comte de Plelan		Siblot, Numa.
Denis		Lafon, Croué.
Vicomte de Layrac		Polack, Rocher.
Hubert de Plelan		Fresnay, Rocher, Le Roy, Guilhène, Lehmann.

Un Journaliste	MM.	Hiéronimus, Dufresne.
Samuel David		Allioux, Lafon.
Baron de Montpreux		Barral, Allioux.
Docteur Fardin		Guilton, Ravet.
Un Domestique		Chaize.
Mme de Sermaize	Mmes	Pierson.
Primerose		Leconte.
Mme de Champvernier		Robinne, Faber.
Donatienne		Bovy.
Baronne de Montpreux		Devoyod, Even.
Mme Jeanvry		Faber, Ducos.
Mme Starini		Even, Lherbay.
Comtesse de Plelan		de Chauveron, Rémy.
Edmond		La Petite Bourdin.

LA PRINCESSE GEORGES

Galanson	MM.	Leitner.
Le Comte de Terremonde		Mayer.
Le Prince de Birac		Grand.
Victor		Croué.
Le Baron		Lafon.
Cervières		Polack, Guilhène, Lehmann.
De Fondette		Rocher.
Un Domestique		Chaize.
Séverine	Mmes	Piérat.
Berthe		Maille.
Sylvanie		Robinne.
Rosalie		Bovy.
Mme de Périgny		Devoyod.
La Baronne		Even.
Valentine de Baudremont		de Chauveron.

PSYCHÉ (1)

Psyché	Mmes	Maille.
L'Amour		Bovy.
Zéphire		Ducos.

(1) Acte III.

LES RANTZAU

Florence	MM. de Féraudy.
Jean Rantzau	P. Mounet.
Jacques Rantzau	Fenoux.
Un Garde forestier	Falconnier.
Georges Rantzau	Le Roy.
Un Médecin	Allioux.
Lebel.	Devaux.
Dominique.	Chaize.
Louise	Mmes Leconte, Ducos.
Marie-Anne	Kolb.
Une Paysanne	Lherbay.
Nanette.	Even.
Juliette.	Nizan.
Justine.	Roussel.
Marie	Rifflet.

LA REVANCHE D'IRIS

Diogène.	M. Croué.
Iris.	Mme de Chauveron.

RIQUET A LA HOUPPE

Riquet à la houppe	MM. Berr.
Le Roy Myrtil.	Croué.
Clair de Lune	Lafon.
Luciole.	Rocher.
Le Roi d'Aragon.	Alcover, Ravet.
Le Roi d'Illyrie	Guilton, Lehmann.
Le Prince de Maroc	Chaize.
La Princesse Rose	Mmes Lara.
La Fée Diamant	Delvair.
La Fée Cyprine	Robinne.
Zinzolin	Bovy.

RUY BLAS (1)

Ruy Blas. . . . . MM. Albert-Lambert.
Don Salluste de Bazan. . . . . P. Mounet.
Doña Maria de Neubourg, reine d'Espagne . . . . Mme Lara.

SHAKESPEARE CHEZ MOLIÈRE

Le Tragédien . . . . M. Silvain.
La Comédienne . . . . Mme L. Silvain.

SHAKESPEARE ET CERVANTES

Sonnets dits par Mme Weber.

SHYLOCK (2)

Bassanio. . . . . MM. Leitner.
Antonio . . . . Fenoux.
Le Doge de Venise . . . . Ravet.
Shylock . . . . de Max.
Gratiano . . . . Hiéronimus.
Un Officier. . . . . Chaize.
Portia . . . . Mmes Lara.
Nerissa . . . . Dussane.

Mme Roussel.

LA SOUBRETTE DE MOLIÈRE

Poésie dite par Mme Dussane.

LE STRADIVARIUS

Flack . . . . MM. Croué.
Le Comte de Krabs . . . . Numa.
Flure. . . . . Denis d'Inès.
Un Acheteur . . . . Allioux.

(1) Acte V.
(2) Tableau IV (moins les 3 dernières scènes).

TARTUFFE (1)

Tartuffe	MM.	Silvain, P. Mounet, Mayer.
M. Loyal.		Berr, Barral, Croué.
Cléante		Leitner.
Orgon		Siblot, Silvain, Bernard.
Un Exempt		Falconnier.
Valère		Le Roy, Dehelly.
Damis		Rocher.
Marianne.	Mmes	Leconte, Lifraud, Valpreux.
Dorine		Kolb, Bretty, Boyer, Dussane.
Elmire.		Sorel, Dux.
Mme Pernelle		Fayolle.

LES TENAILLES

Robert Fergan.	MM.	Duflos.
Ferdinand Valanton		Siblot.
Michel Davernier		Le Roy.
Un Domestique		Chaize.
Irène Fergan.	Mmes	Lara.
Pauline Valanton		Devoyod.
René Fergan		Le Petit Fleury.

LA VEILLÉE DES ARMES

Un Officier.	M.	Albert-Lambert.
La France.	Mlle	Roch.

VENISE

Georges.	MM.	Numa.
Max.		Le Roy.
Pierre.		Chaize.
Henriette	Mlle	Leconte.

(1) Aux deux dernières représentations de cette pièce, l'affiche portait : *Le Tartuffe, ou l'Imposteur*.

LE VOYAGE DE M. PERRICHON

Perrichon	MM.	de Féraudy.
Daniel Savary.		Berr, Numa.
Le Commandant Mathieu		Mayer, Ravet.
Majorin		Siblot.
Un Aubergiste.		Falconnier.
Jean		Lafon.
Armand Desroches		Polack, Dehelly, Guilhène.
Joseph.		Hiéronimus, Dufresne.
Un Employé du chemin de fer. . . .		Chaize.
Un Facteur du chemin de fer		Jans.
Mme Perrichon	Mmes	Kolb.
Henriette		Bovy.

TABLE ALPHABÉTIQUE DES ARTISTES (1)

RÔLES JOUÉS PAR EUX POUR LA PREMIÈRE FOIS

M. ALBERT-LAMBERT

L'Augusta. (Métellus.) 1re Représentation	17 Février.
La Nuit d'Août. (Le Poète.)	24 —
Hamlet (2). (Hamlet.)	18 Mai.
Polyeucte. (Polyeucte.)	27 Juin.
Cantate aux morts. (Le Héros.) 1re Représentation	9 Novembre.

M. ALLIOUX (3)

Les Affaires sont les affaires. (Phinck.)	11 Janvier.
Marion de Lorme. (Un Mousquetaire.)	26 Février.
L'Ami des femmes. (Des Targettes.)	9 Mars.
La Mégère apprivoisée. (Nathaniel.)	30 —
Les Rantzau. (Un Médecin.)	14 Avril.
Les Affaires sont les affaires. (Le Vicomte de la Fontenelle.)	3 Mai.
La Marche nuptiale. (Général Duplessis-Latour.)	6 —
L'Anglais tel qu'on le parle. (Un Inspecteur.)	23 Juillet.
Le Marquis de Priola. (Le Chesne.)	25 —
Polyeucte. (Fabian.)	1er Septembre (4).
Gringoire. (Olivier-le-Daim.)	7 —
Le Stradivarius. (Un Acheteur.)	17 —

(1) M. Barral, ancien pensionnaire de la Comédie-Française, a joué cette année au cachet. Voici la liste des rôles joués par lui pour la première fois :

Boubouroche. (Potasse.)	16 Mars.
La Mégère apprivoisée. (Le Tailleur.)	30 —
Les Disputes de la Saint-Jean. (Guzman.) 1re Représentation	18 Mai.
On ne badine pas avec l'amour. (Chœur des Vieillards.)	18 Juin.
Les Fourberies de Scapin. (Géronte.)	14 Septembre.

(2) Fragments (voir note 3, page 31).

(3) M. Allioux est le régisseur intérimaire de la scène.

(4) 11 Juin 1915, à Rouen.

Mlle BARTET

La Course du flambeau. (Sabine Revel.) 1re Représentation à ce théâtre. . . . . 25 Octobre.
In memoriam. 1re Représentation. . . . . 25 —

M. BERNARD

Le Demi-monde. (De Thonnerins.) . . . . 2 Mai. (1)
Le Marquis de Priola. (Brabançon.) . . . . 13 —
Les Disputes de la Saint-Jean. (Le Juge Zapata.) 1re Représentation . . . . 18 —
George Dandin. (George Dandin.) . . . . 29 Juin.
L'Anglais tel qu'on le parle. (Eugène.). . . . . 23 Juillet.
L'Avare. (Maître Jacques.) . . . . 30 Septembre.
Le Chandelier. (Maître André.) . . . . 13 Novembre.
Les Deux gloires. (Le Père Baudoin.). . . . . 26 —

M. BERR

L'Humble offrande. (Le Poète.) 1re Représentation . . . . 4 Mars.
Le Bourgeois gentilhomme. (Un Maître de philosophie.) . 16 Décembre.

Mme BOVY

L'Ami des femmes. (Balbine Leverdet.). . . . . 12 Janvier.
Les Disputes de la Saint-Jean. (Le Gracioso.) 1re Représentation . . . . 18 Mai.
On ne badine pas avec l'amour. (Rosette.) . . . . 18 Juin.
Les Deux gloires. (Louisette.) 1re Représentation . . . . . 30 —
La Course du flambeau. (Marie-Jeanne.) 1re Représentation à ce théâtre. . . . . 25 Octobre.

Mlle BOYER

Le Médecin malgré lui. (Martine.). . . . . 15 Janvier.

(1) 5 Septembre 1913, à Marseille.

Mme BRETTY

Les Femmes savantes. (Martine.). . . . . 6 Juillet.
L'École des maris. (Lisette.) . . . . 21 Septembre.
Le Bourgeois gentilhomme. (Nicole.). . . . . 16 Décembre.

Mlle CERNY

La Figurante. (Hélène de Monneville.) 1re Représentation à ce théâtre . . . . 9 Février.

M. CHAIZE

L'Ami des femmes. (Un Domestique.) . . . . 12 Janvier.
Le Barbier de Séville. (Un Alcade.) . . . . 12 Février.
Les Caprices de Marianne. (Un Garçon d'auberge.) . . . . 16 Mars.
La Mégère apprivoisée. (Nicolas.) . . . . 30 —
Les Rantzau. (Dominique.) . . . . 14 Avril.
Le Mariage de Figaro. (Pédrille.) . . . . 27 —
Les Affaires sont les affaires. (Jean.) . . . . 3 Mai.
Venise. (Pierre.). . . . . 11 —
Le Marquis de Priola. (Un Domestique.). . . . . 13 —
Shylock (1). (Un Officier.). . . . . 18 —
On ne badine pas avec l'amour. (Un Paysan.) . . . . 18 Juin.
La Course du flambeau. (Constant.) 1re Représentation à ce théâtre. . . . . 25 Octobre.
Le Chandelier. (Un Jardinier.). . . . . 13 Novembre.
Le Bourgeois gentilhomme. (Un Laquais.) . . . . 16 Décembre.
Athalie. (Un Lévite.).. . . . . 21 —

Mme de CHAUVERON

Le Dépit amoureux. (Marinette.). . . . . 15 Janvier.
Le Mariage de Hoche. (Une Vendeuse de fleurs.) 1re Représentation . . . . 13 Juin.
La Revanche d'Iris. (Iris.) . . . . 30 Septembre.
Le Chandelier. (Madeleine.). . . . . 13 Novembre.

(1) Fragments (voir note 3, page 33).

Mme COLONNA ROMANO

Les Brebis de Panurge. (Gabrielle Darcey.) . . . . 16 Mars.
Britannicus. (Junie.). 29 —
On ne badine pas avec l'amour. (Camille.) . . . . 4 Octobre.
Le Passant. (Zanetto.). . . . . 10 — (1).
Bajazet. (Zaïre.) . . . . 23 Novembre.
Le Baiser. (La Fée Urgèle.). . . . . 3 Décembre.

M. CROUÉ

La Mégère apprivoisée. (Grumio.) . . . . 30 Mars.

Mme DAMAURY

Le Malade imaginaire. (Béline.). . . . . 15 Janvier.
L'Étincelle. (Léonie de Renat.) . . . . 28 Mai.

M. DEHELLY

On ne badine pas avec l'amour. (Perdican.). . . . . 4 Octobre.

M. DELAUNAY

L'Ami des femmes. (Des Targettes.) . . . . 12 Janvier.

Mlle DELVAIR

Le Duel. (La Duchesse de Chailles.). . . . . 9 Janvier (2).
Horace. (Sabine.). . . . . 29 Octobre.

M. DENIS D'INÈS

Boubouroche. (Un Vieux monsieur.) . . . . 16 Mars.
L'Ami des femmes. (Leverdet.) . . . . 30 Avril.
Colette Baudoche (3). (Christian Tarrail.) . . . . 2 Mai.
Le Dépit amoureux. (Mascarille.) . . . . 6 —
Les Disputes de la Saint-Jean. (Le Procureur Torribio.)
1re Représentation . . . . 18 —

(1) 26 Avril, à Lyon.
(2) 14 Septembre 1915, à Genève.
(3) Acte III.

Démocrite (1). (Strabon.) . . . . 30 Mai.
Le Menteur. (Cliton.) . . . . 4 Juin.
Le Marquis de Priola. (Le Chesne.) . . . . 4 —
On ne badine pas avec l'amour. (Le Baron.) . . . . 18 —
George Dandin. (Lubin.) . . . . 29 —
Les Femmes savantes. (Vadius.) . . . . 13 Septembre.
Les Fourberies de Scapin. (Sylvestre.) . . . . 14 —
Le Stradivarius. (Flure.) . . . . 17 —
La Course du flambeau. (Gribert.) 1re Représentation à ce théâtre . . . . 25 Octobre.
Le Monde où l'on s'ennuie. (Virot.) . . . . 2 Décembre.
Le Bourgeois gentilhomme. (Un Maître a danser.) . . . . 16 —
Le Bourgeois gentilhomme. (Un Maître de cérémonie.) . . 16 —

Mme DEVOYOD

L'Ami des femmes. (Mme Leverdet.) . . . . 12 Janvier.
Mademoiselle de la Seiglière. (La Baronne de Vaubert.) . 14 Mars.
Le Misanthrope. (Arsinoé.) . . . . 1er Avril (2).
La Course du flambeau. (Mme Ponthionne.) 1re Représentation à ce théâtre . . . . 25 Octobre.
Les Nouveaux pauvres. (Mélanie.) 1re Représentation . . 27 Novembre.

Mlle DUCOS

Britannicus. (Junie.) . . . . 20 Janvier.
L'Augusta. (Fulvie.) 1re Représentation . . . . 17 Février.
Les Disputes de la Saint-Jean. (Mariana.) 1re Représentation . . . . 18 Mai.
La Nuit de Mai. (La Muse.) . . . . 15 Septembre.
Le Flibustier. (Janik.) . . . . 3 Octobre.
Les Rantzau. (Louise.) . . . . 22 —

M. DUFLOS

L'Ami des femmes. (De Ryons.) . . . . 12 Janvier.
La Figurante. (Henri de Renneval.) 1re Représentation à ce théâtre . . . . 9 Février.
Le Marquis de Priola. (Le Marquis de Priola.) . . . . . . 13 Mai.
Le Marquis de Villemer. (Gaétan, duc d'Aléria.) . . . . . 23 Septembre.

(1) Fragments (voir note 2, page 31).
(2) 29 Juin 1915, à Genève.

Mme DUFLOS

Le Malade imaginaire. (ANGÉLIQUE.) . . . . 15 Janvier.
Les Disputes de la Saint-Jean. (HORTIGOSA.) 1re Représentation. . . . . 18 Mai.
Le Menteur. (LUCRÈCE.) . . . . 4 Juin.
Le Mariage de Hoche. (JUSTINE.) 1re Représentation. . . . 13 —
L'Étourdi. (HIPPOLYTE.) . . . . 13 Juillet.
Le Passe-montagne. (MARGUERITE.) 1re Représentation . . 16 Septembre.
Le Marquis de Villemer. (DIANE DE SAINTRAILLES.). . . . . 23 —
L'Avare. (ÉLISE.) . . . . 30 —
Le Monde où l'on s'ennuie. (JEANNE RAYMOND.) . . . . . . 18 Octobre.
Les Nouveaux pauvres. (HÉLÈNE.) 1re Représentation. . . 27 Novembre.

M. DUFRESNE

Une Chaîne. (OLIVIER.). . . . . 12 Mars.
Les Brebis de Panurge. (ANTOINE.). . . . . 16 —
Boubouroche. (FOUETTARD.) . . . . 16 —
La Mégère apprivoisée. (GRÉGORIO.) . . . . 29 Avril.
L'Ami des femmes. (JOSEPH.) . . . . 30 —
Le Demi-monde. (UN DOMESTIQUE.). . . . . 2 Mai.
Le Voyage de M. Perrichon. (JOSEPH.). . . . . 21 —
La Marche nuptiale. (FRANÇOIS.) . . . . 9 Juillet.
La Marche nuptiale. (UN PORTEUR DE PIANO.). . . . . 10 Septembre.
L'Avare. (LA MERLUCHE.) . . . . 30 —
Le Bourgeois gentilhomme. (UN LAQUAIS.) . . . . 16 Décembre.
Athalie. (UN LÉVITE.). 21 —

Mme DUSSANE

La Soubrette de Molière. 1re Représentation à ce théâtre. 15 Janvier.
La Première Bérénice. (ROSINE.). . . . . 12 Avril.
Démocrite (1). (CLÉANTHIS.) . . . . 30 Mai.
George Dandin. (CLAUDINE.). . . . . 29 Juin.

Mme DUX

Tartuffe. (ELMIRE.). . . . . 21 Janvier (2).
Les Honnêtes femmes. (MME CHEVALIER.) . . . . 17 Février.
Les Caprices de Marianne. (HERMIA.) . . . . 16 Mars.

(1) Fragments (voir note 2, page 31).
(2) L'affiche porte : « Débuts de Mme Émilienne Dux. »

Les Deux gloires. (Mme Philippe.) 1re Représentation. . . 30 Juin.
La Bonne mère. (Mathurine.). . . . . 20 Juillet.

Mlle EVEN (1)

Les Rantzau. (Nanette.). . . . . 14 Avril.
Les Disputes de la Saint-Jean. (Margarita.) 1re Représentation. . . . . 18 Mai.
George Dandin. (Mme de Sotenville.) . . . . 29 Juin.
La Course du flambeau. (Mme Gribert.) 1re Représentation à ce théâtre. . . . . 25 Octobre.

Mlle FABER

La Mégère apprivoisée. (Curtis.) . . . . 30 Mars.
Les Disputes de la Saint-Jean. (Arlaxa.) 1re Représentation. . . . . 18 Mai.
L'Étincelle. (Antoinette.). . . . . 7 Septembre.
Le Jeu de l'amour et du hasard. (Lisette.). . . . . 19 Novembre.

M. FALCONNIER

Les Brebis de Panurge. (Antoine.). . . . . 2 Avril.

M. FENOUX

Le Malade imaginaire. (M. Purgon.). . . . . 15 Janvier.
Les Rantzau. (Jacques Rantzau.) . . . . 14 Avril.
Le Marquis de Priola. (Le Chesne.) . . . . 13 Mai.
Polyeucte. (Néarque.) . . . . 6 Juin.
Les Femmes savantes. (Ariste.). . . . . 13 Septembre.
Le Misanthrope. (Oronte.). . . . . 29 Octobre.
Le Chandelier. (Clavaroche.) . . . . 13 Novembre.

M. de FÉRAUDY

La Figurante. (Théodore de Monneville.) 1re Représentation à ce théâtre. . . . . 9 Février.
Les Deux gloires. (Le Père Baudoin.) 1re Représentation. 30 Juin.

(1) A la représentation du 9 Avril de *Les Affaires sont les affaires*, Mlle Even, tout en jouant le rôle de La Femme du docteur, a dit les répliques de La Femme du juge de paix.

Les Nouveaux pauvres. (PAUL.) 1re Représentation. . . . 27 Novembre.
Le Bourgeois gentilhomme. (M. JOURDAIN.). . . . . 16 Décembre.

M. GAILLARD (1)

Britannicus. (BRITANNICUS.). . . . . 17 Mars.
La Nuit de Mai. (LE POÈTE.). . . . . 15 Septembre.
Le Cid. (DON SANCHE.) . . . . 12 Octobre.
Athalie. (AZARIAS.) . . . . 21 Décembre.

Mme GARAY-MYRIEL

Électre. (UNE CHOREUTE.). . . . . 11 Avril.
Polyeucte. (STRATONICE.). . . . . 13 Juillet.
La Course du flambeau. (MME PONTHIONNE.). . . . . 4 Novembre.
Athalie. (AGAR.) . . . . 21 Décembre.

M. GRAND

L'Ami des femmes. (DE SIMEROSE.) . . . . 12 Janvier.
Le Barbier de Séville. (LE COMTE ALMAVIVA.). . . . . 12 Février.
La Mégère apprivoisée. (PETRUCCIO.). . . . . 30 Mars.
Le Mariage de Hoche. (LAZARE HOCHE.) 1re Représentation. 13 Juin.
La Course du flambeau. (STANGY.) 1re Représentation à ce théâtre . . . . 25 Octobre.
Le Misanthrope. (ALCESTE.) . . . . 29 —

M. GUILHÈNE

Boubouroche. (ANDRÉ.). . . . . 16 Mars.
La Princesse Georges. (CERVIÈRES.) . . . . 18 —

Mlle GUINTINI

Les Disputes de la Saint-Jean. (CHRISTINA.) 1re Représentation. . . . . 18 Mai.
Le Père Lebonnard. (BLANCHE D'ESTREY.). . . . . 2 Juillet.
La Course du flambeau. (LÉONIE.) 1re Représentation à ce théâtre. . . . . 25 Octobre.
Bajazet. (ZATIME.) . . . . 23 Novembre.
Athalie. (UNE JEUNE FILLE JUIVE.). . . . . 21 Décembre.

(1) M. Gaillard, étant élève au Conservatoire, avait figuré, le 6 Mars 1913, dans *Électre* (Pylade).

M. HIÉRONIMUS (1)

Les Affaires sont les affaires. (Le Garçon jardinier.) (2). . 2 Septembre.
Le Marquis de Priola. (Un Monsieur.) (3). . . . . 5 —

(1) M. Hiéronimus, étant élève au Conservatoire, avait joué à la Comédie-Française, ces rôles :

1914

Deux couverts. (Jacques.) 1re Représentation.................. 30 Mars.
Les Femmes savantes. (Lépine.)............................ 4 Mai.

1915

La Comtesse d'Escarbagnas. (Le Comte.).................... 14 Janvier.
Il ne faut jurer de rien. (Un Maître de danse.).............. 28 —
Le Monde où l'on s'ennuie. (Melchior de Boines.) .... 13 Février.
Patrie. (Un Enseigne.).. 14 —
Patrie. (Perez.) .... 14 —
L'École des maris. (Ergaste.)............................. 18 Mars.
Primerose. (Un Journaliste.)................................ 20 —
Le Mariage de Figaro. (Pédrille.)........................... 22 Avril.
Les Précieuses ridicules. (2e Porteur.)...................... 25 —
Le Voyage de M. Perrichon. (Joseph.) .... 6 Juin.
Le Duel. (Un Chinois.).. 7 Septembre.
Les Demoiselles de Saint-Cyr. (Un Valet.).................. 11 Novembre.
Les Plaideurs. (Le Souffleur.)............................. 23 Décembre.

1916

Les Affaires sont les affaires. (Le Garçon jardinier.)......... 11 Janvier.
Le Barbier de Séville. (L'Éveillé.)......................... 12 Février.
La Mégère apprivoisée. (Filippo.)........................... 30 Mars.
Le Mariage de Figaro. (Grippe-Soleil.)...................... 27 Avril.
Le Marquis de Priola. (Un Monsieur.)....................... 13 Mai.
Shylock (a). (Gratiano.)...... .... 18 —
Les Disputes de la Saint-Jean. (Un Huissier.) 1re Représentation.. 18 —
George Dandin. (Colin.)..................................... 29 Juin.
La Bonne mère. (Un Valet de ferme.)........................ 20 Juillet.
Le Jeu de l'amour et du hasard. (Pasquin)................... 30 —

1915

Représentations en province et à l'étranger.

Le Mariage de Figaro. (Grippe-Soleil.) Bordeaux............ 23 Mai.
Le Mariage de Figaro. (Doublemain.) Lyon................... 29 —
Le Mariage de Figaro. (Un Huissier audiencier.) Lyon....... 29 —
En visite. (Lui.) Genève..................................... 14 Septembre.
Le Duel. (Un Domestique.) Genève.......................... 14 —
Hernani. (Don Garci Suarez.) Genève........................ 15 —
Ruy Blas. (Le Comte d'Albe.) Genève........................ 17 —
Ruy Blas. (Un Laquais). Genève.............................. 17 —

(2-3) Comme l'indique la liste de la note 1, M. Hiéronimus avait déjà joué ces rôles à la Comédie-Française, quand il était élève au Conservatoire.

(a) Fragments (voir note 3, page 33).

Il ne faut jurer de rien. (Un Maître de danse.) (1)	7 Septembre.
La Marche nuptiale. (D'Andely.)	10 —
George Dandin. (Colin.) (2)	12 —
Les Plaideurs. (Le Souffleur.) (3)	13 —
Les Femmes savantes. (Lépine.) (4)	13 —
Les Fourberies de Scapin. (Carle.)	14 —
La Mégère apprivoisée. (Filippo.) (5)	16 —
Le Mariage de Figaro. (Grippe-Soleil.) (6)	17 —
Shylock (7). (Gratiano.) (8)	19 —
L'École des maris. (Ergaste.) (9)	21 —
L'Avare. (Brindavoine.)	30 —
Le Duel. (Un Chinois.) (10)	14 Octobre.
Le Monde où l'on s'ennuie. (Melchior de Boines.) (11)	18 —
Les Précieuses ridicules. (2e Porteur.) (12)	26 —
L'Anglais tel qu'on le parle. (Un Garçon.)	2 Décembre.
La Marche nuptiale. (Eugène.)	9 —

Mlle KOLB

Les Rantzau. (Marie-Anne.)	14 Avril.
Les Deux gloires. (Mme Philippe.)	26 Novembre.
Le Bourgeois gentilhomme. (Mme Jourdain.)	16 Décembre.

M. LAFON

Les Affaires sont les affaires. (Le Jardinier chef.)	11 Janvier.
Le Médecin malgré lui. (Lucas.)	15 —
L'Augusta. (Posidès.) 1re Représentation	17 Février.
La Mégère apprivoisée. (Le Cuisinier.)	30 Mars.
Les Disputes de la Saint-Jean. (Le Greffier Lazarille.) 1re Représentation	18 Mai.
Le Mariage de Hoche. (Déchaux.) 1re Représentation	13 Juin.
On ne badine pas avec l'amour. (Maître Bridaine.)	18 —
George Dandin. (M. de Sotenville.)	29 —
Riquet à la houppe. (Clair de Lune.)	12 Septembre.
Le Gendre de M. Poirier. (Verdelet.)	20 —
Le Marquis de Villemer. (Benoit.)	23 —

(1-2-3-4-5-6-8-9-10-11-12) Comme l'indique la liste de la note 1 de la page 85, M. Hiéronimus avait déjà joué ces rôles à la Comédie-Française, quand il était élève au Conservatoire.

(7) Fragments (voir note 3, page 33).

L'Avare. (Un Commissaire.)	30 Septembre.
Le Chandelier. (Guillaume.)	13 Novembre.
La Course du flambeau. (Gribert.)	22 —
Le Bourgeois gentilhomme. (Un Maître tailleur.)	16 Décembre.

Mme LARA

On ne badine pas avec l'amour. (Camille.)	18 Juin.
Le Marquis de Villemer. (Caroline de Saint-Geneix.)	23 Septembre.
Le Monde où l'on s'ennuie. (Lucy Watson.)	18 Octobre.
Le Misanthrope. (Éliante.)	29 —

Mlle LECONTE

La Figurante. (Françoise de Renneval.) 1re Représentation à ce théâtre.	9 Février.
L'Humble offrande. (Sa Muse.) 1re Représentation	4 Mars.
Les Rantzau. (Louise.)	14 Avril.
Les Disputes de la Saint-Jean. (Belica.) 1re Représentation.	18 Mai.
Le Mariage de Hoche. (Déla.) 1re Représentation.	13 Juin.

M. LEHMANN

L'Ami des femmes. (De Simerose.)	8 Septembre.
Les Femmes savantes. (Clitandre.)	13 (1) —
Mademoiselle de Belle-Isle. (M. le Chevalier d'Auvray.)	14 —
Les Fourberies de Scapin. (Léandre.)	14 —
L'Avare. (Valère.)	30 —
Le Monde où l'on s'ennuie. (Roger de Céran.)	18 Octobre.
La Course du flambeau. (Jirbin.) 1re Représentation à ce théâtre.	25 —
Les Précieuses ridicules. (Du Croisy.)	26 —
Le Chandelier. (Landry.)	13 Novembre.
La Princesse Georges. (Cervières.)	27 —
Primerose. (Hubert de Plelan.)	3 Décembre.
Le Marquis de Priola. (Un Monsieur.)	4 —
Riquet à la houppe. (Le Roi d'Illyrie.)	7 —
La Marche nuptiale. (Vicomte de Saussy.)	9 —

(1) L'affiche porte : « Débuts de M. Lehmann. »

Le Bourgeois gentilhomme. (Un Maître de musique.) . . . 16 Décembre.
Athalie. (Un Lévite.) . . . . 21 —
Le Dépit amoureux. (Valère.) . . . . 24 —
La Course du flambeau. (Didier Maravon.) . . . . 30 —

M. LEITNER

Tartuffe. (Cléante.) . . . . 16 Janvier.
Horace. (Valère.) . . . . 4 Juin (1).
Le Père Lebonnard. (Le Docteur André.) . . . . 2 Juillet.

M. LE ROY

Tartuffe. (Valère.) . . . . 16 Janvier.
La Paix chez soi. (Trielle.) . . . . 12 Février.
Le Cid. (Don Arias.) . . . . 12 Mars.
Les Caprices de Marianne. (Cœlio.) . . . . 16 —
Les Rantzau. (Georges Rantzau.) . . . . 14 Avril.
La Nouvelle idole (2). (Maurice Cormier.) . . . . 2 Mai.
Le Marquis de Priola. (Pierre Morain.) . . . . 13 —
L'Été de la Saint-Martin. (Noël.) . . . . 30 —
On ne badine pas avec l'amour. (Perdican.) . . . . 18 Juin.
La Course du flambeau. (Didier Maravon.) 1re Représentation à ce théâtre. . . . . 25 Octobre.
Les Nouveaux pauvres. (Jean.) 1re Représentation. . . . 27 Novembre.

Mme LHERBAY

Les Honnêtes femmes. (Louise.) . . . . 17 Février.
Le Passe-montagne. (Maria.) 1re Représentation. . . . . 16 Septembre.
La Course du flambeau. (Mme Gribert.) . . . . 22 Novembre.
La Marche nuptiale. (Mme de Plessans.) . . . . 23 —

Mme LIFRAUD

Les Honnêtes femmes. (Geneviève.) . . . . 17 Février.
La Mégère apprivoisée. (Bianca.) . . . . 30 Mars.
Les Disputes de la Saint-Jean. (Antonia.) 1re Représentation . . . . 18 Mai.

(1) 1er Mai, à Berne.
(2) Acte II.

Mlle MAILLE

Le Père Lebonnard. (Jeanne Lebonnard.)	2 Juillet.

M. de MAX

Le Barbier de Séville. (Don Bazile.)	12 Février.
Andromaque. (Oreste.)	23 —
Shylock (1). (Shylock.)	18 Mai.
Polyeucte. (Polyeucte.)	6 Juin.

M. MAYER

L'Ami des femmes. (Leverdet.)	12 Janvier.
George Dandin. (Clitandre.)	29 Juin.
La Course du flambeau. (Maravon.) 1re Représentation à ce théâtre.	25 Octobre.
Le Bourgeois gentilhomme. (Dorante.)	16 Décembre.

M. P. MOUNET

L'Augusta. (Claude.) 1re Représentation	17 Février.
Les Rantzau. (Jean Rantzau.)	14 Avril.

Mlle NIZAN

Il ne faut jurer de rien. (Cécile.)	7 Mars (2).
Les Rantzau. (Juliette.)	14 Avril.
Les Disputes de la Saint-Jean. (Chirinos.) 1re Représentation.	18 Mai.
L'Aventurière. (Célie.)	19 Septembre.
A quoi rêvent les jeunes filles (3). (Ninette.)	20 —
L'Avare. (Marianne.)	30 —
Le Monde où l'on s'ennuie. (Suzanne de Villiers.)	18 Octobre.
Les Fourberies de Scapin. (Hyacinthe.)	19 —
La Course du flambeau. (Béatrice.) 1re Représentation à ce théâtre.	25 —

(1) Fragments (voir note 3, page 33).
(2) L'affiche porte : « Débuts de Mlle Nizan. »
(3) Fragments (voir note 1, page 30).

Les Plaideurs. (Isabelle.) . . . . 1er Novembre.
La Marche nuptiale. (Maguet.) . . . . 9 Décembre.
Le Bourgeois gentilhomme. (Lucile.) . . . . 16 —
Le Dépit amoureux. (Lucile.) . . . . 24 —

M. NUMA

Marion de Lorme. (Le Duc de Bellegarde.) . . . . 2 Mars.
A quoi rêvent les jeunes filles (1). (Le Duc Laërte.) . . . 16 —
Le Misanthrope. (Oronte.) . . . . 1er Avril.
La Mégère apprivoisée. (Hortensio.) . . . . 12 —
L'Ami des femmes. (De Chantrin.) . . . . 30 —
Colette Baudoche (2). (Frédéric Asmus.) . . . . 2 Mai.
Les Disputes de la Saint-Jean. (Ganchoso.) 1re Représentation. . . . . 18 —
Le Mariage de Hoche. (De Belle.) 1re Représentation . . 13 Juin.
Le Père Lebonnard. (Le Marquis d'Estrey.) . . . . 2 Juillet.
L'Étourdi. (Léandre.) . . . . 13 —
Le Passe-montagne. (Octave.) 1re Représentation. . . . . 16 Septembre.

Mme PIÉRAT

L'Augusta. (Messaline.) 1re Représentation . . . . 17 Février.
Le Chandelier. (Fortunio.) . . . . 13 Novembre.

Mlle PIERSON

La Course du flambeau. (Mme Fontenais.) 1re Représentation à ce théâtre . . . . 25 Octobre.

M. POLACK

L'Ami des femmes. (De Chantrin.) . . . . 12 Janvier.
Le Dépit amoureux. (Valère.) . . . . 15 —
Le Malade imaginaire. (Béralde.) . . . . 15 —
Les Honnêtes femmes. (Lambert.) . . . . 17 Février.
La Fontaine de Jouvence. (Un Berger d'Arcadie.) . . . . 23 —
La Mégère apprivoisée. (Hortensio.) . . . . 30 Mars.
A quoi rêvent les jeunes filles (3). (Le Duc Laërte.) . . . 2 Avril.

(1) Fragments (voir note 1, page 30).
(2) Acte III.
(3) Fragments (voir note 1, page 30).

M. RAVET

La Fille de Roland. (Le Duc Nayme.) . . . . 19 Mars.
Le Dédale. (Vilard-Duval.) . . . . 23 —
Le Chant du départ. (Un Soldat.). . . . . 14 Avril.
Les Disputes de la Saint-Jean. (Un Portefaix.) 1re Représentation . . . . 18 Mai.
La Course du flambeau. (Le Docteur.) 1re Représentation. à ce théâtre. . . . . 25 Octobre.
Riquet à la houppe. (Le Roi d'Aragon.) . . . . 7 Décembre.
Athalie. (Nabal.) . . . . 21 —

Mlle RÉMY

Andromaque. (Cléone.) . . . . 23 Février.
La Course du flambeau. (Léonie.). . . . . 14 Décembre.

Mme ROBINNE

L'Ami des femmes. (Mlle Hackendorf.) . . . . 12 Janvier.
Le Marquis de Priola. (Mme Le Chesne.) . . . . 13 Mai.
George Dandin. (Angélique.) . . . . 29 Juin.
Les Affaires sont les affaires. (Germaine Lechat.) . . . . 28 Septembre.
Le Bourgeois gentilhomme. (Dorimène.) . . . . 16 Décembre.

Mlle ROCH

Britannicus. (Agrippine.). . . . . 17 Mars.
Cantate aux morts. (La Patrie.) 1re Représentation . . . 9 Novembre.
Bajazet. (Atalide.). 23 —

M. ROCHER (1)

Polyphème. (Acis.) . . . . 6 Janvier.
Les Affaires sont les affaires. (Xavier Lechat.) . . . . . . 11 —
Le Médecin malgré lui. (Léandre.) . . . . 15 —
Le Malade imaginaire. (Cléante.). . . . . 15 —

(1) M. Rocher, étant élève au Conservatoire, avait joué à la Comédie-Française, ces rôles :

1911

Cher maître. (Murier.). . . . . 5 Septembre.
Un Cas de conscience. (André de Rocqueville.). . . . . . . 13 —

L'Anglais tel qu'on le parle. (JULIEN CICANDEL.)	15	Janvier.
Tartuffe. (DAMIS.)	16	—
Blanchette. (GEORGES GALOUX.)	19	—
La Marche nuptiale. (D'ANDELY.)	23	—
Primerose. (HUBERT DE PLELAN.)	2	Février.
L'Aventurière. (HORACE.)	6	—
La Fontaine de Jouvence. (TÉLAMON.)	23	—
Marion de Lorme. (L'ABBÉ DE GONDI.).	26	—
La Princesse Georges. (DE FONDETTE.)	2	Mars.
Le Jeu de l'amour et du hasard. (MARIO.)	2	—
Mademoiselle de Belle-Isle. (CHAMILLAC.)	5	—
La Fille de Roland. (HARDRÉ.).	19	—
La Mégère apprivoisée. (CAMBIO.)	30	—
Le Misanthrope. (CLITANDRE.)	1er	Avril.
Le Luthier de Crémone. (SANDRO.)	8	—
Britannicus. (BRITANNICUS.)	24	—
Les Précieuses ridicules. (DU CROISY.)	24	—
Primerose. (VICOMTE DE LAYRAC.)	25	—
Le Dépit amoureux. (VALÈRE.)	6	Mai.
Mademoiselle de la Seiglière. (RAOUL DE VAUBERT.)	6	—
Les Disputes de la Saint-Jean. (GILBERTO.) 1re Représentation	18	—
Les Précieuses ridicules. (LA GRANGE.)	30	—
Le Menteur. (ALCIPPE.)	4	Juin.
On ne badine pas avec l'amour. (CHŒUR DES JEUNES GENS.).	18	—
Les Deux gloires. (JACQUES.) 1re Représentation	30	—
Le Père Lebonnard. (ROBERT LEBONNARD.).	2	Juillet.
L'Étourdi. (ANDRÈS.).	13	—
La Bonne mère. (DUVAL.)	20	—
Riquet à la houppe. (LUCIOLE.).	12	Septembre.
L'Avare. (CLÉANTE.)	30	—
Athalie. (ZACHARIE.)	21	Décembre.
La Course du flambeau. (JIRBIN.)	30	—

Mme ROUSSEL

L'Ami des femmes. (UNE FEMME DE CHAMBRE.).	12	Janvier.
Les Rantzau. (JUSTINE.)	14	Avril.
Le Marquis de Priola	13	Mai.

Shylock (1) . . . . 18 Mai.
La Course du flambeau. (JENNY.) 1re Représentation à ce théâtre . . . . 25 Octobre.
Athalie. (UNE SUIVANTE) . . . . 21 Décembre.

M. SIBLOT

Les Affaires sont les affaires. (GRUGGH.). . . . . 11 Janvier.
La Mégère apprivoisée. (BAPTISTA.). . . . . 30 Mars.
Le Bonhomme Jadis. (LE BONHOMME JADIS.). . . . . 8 Juin.
L'Été de la Saint-Martin. (BRIQUEVILLE.) . . . . 4 Octobre(2).

M. SILVAIN

Tartuffe. (ORGON.). . . . . 21 Janvier.
Le Chant du départ. (UN VIEILLARD.). . . . . 14 Avril.
Shakespeare chez Molière. (LE TRAGÉDIEN.) 1re Représentation . . . . 18 Mai.
Athalie. (JOAD.). . . . . 21 Décembre.

Mme L. SILVAIN

Britannicus. (AGRIPPINE.). . . . . 8 Avril.
Shakespeare chez Molière. (LA COMÉDIENNE.) 1re Représentation. . . . . 18 Mai.

Mlle SOREL

La Mégère apprivoisée. (CATHARINA.). . . . . 30 Mars.
Le Chandelier. (JACQUELINE.). . . . . 13 Novembre.

Mlle VALPREUX

L'Ami des femmes. (JANE DE SIMEROSE.). . . . . 12 Janvier.
A quoi rêvent les jeunes filles (3). (NINON.). . . . . 16 Mars.
Hamlet (4). (OPHÉLIE.). 18 Mai.
Le Jeu de l'amour et du hasard. (SILVIA.). . . . . 30 Juillet.

(1) Fragments (voir note 3, page 33).
(2) 25 Juillet 1914, à Vichy.
(3) Fragments (voir note 1, page 30).
(4) Fragments (voir note 3, page 31).

L'Été de la Saint-Martin. (ADRIENNE.) . . . . 4 Octobre (1).
Athalie. (UNE JEUNE FILLE JUIVE.). . . . . 21 Décembre.

Mme WEBER

Shakespeare et Cervantès. 1re Représentation . . . . 18 Mai.
Bajazet. (ROXANE.) . . . . 23 Novembre.

(1) 25 Juillet 1914, à Vichy.

EXTRAIT DU REGISTRE

DES

REPRÉSENTATIONS JOURNALIÈRES

JANVIER

1er — *(Matinée.)* — Patrie.
(Soirée.) — Mademoiselle de Belle-Isle.
2 — *(Matinée.)* — Le Mariage de Figaro.
(Soirée.) — Britannicus. — L'Énigme.
3 — *(Relâche.)*
4 — Une Chaîne.
5 — Le Monde où l'on s'ennuie.
6 — *(Matinée.)* — Polyphème. — Le Voyage de M. Perrichon.
(Soirée.) — Le Dédale.
7 — Britannicus. — Les Précieuses ridicules.
8 — Polyphème. — Le Gendre de M. Poirier.
9 — *(Matinée.)* — Le Duel. — Le Jeu de l'amour et du hasard.
(Soirée.) — Primerose.
10 — *(Relâche.)*
11 — Les Affaires sont les affaires.
12 — L'Ami des femmes.
13 — *(Matinée.)* — Polyphème. — Le Voyage de M. Perrichon.
(Soirée.) — Une Chaîne.
14 — Le Dédale.
15 — *(Matinée.)* — *294e Anniversaire de la naissance de Molière.* — Le Dépit amoureux. — Le Médecin malgré lui. — La Soubrette de Molière. (1re Représentation à ce théâtre.) — Couronnement du buste de Molière. — Le Malade imaginaire.
(Soirée.) — Britannicus. — L'Anglais tel qu'on le parle.
16 — *(Matinée.)* — Tartuffe. — Le Mariage forcé.

16 — *(Soirée.)* — Les Affaires sont les affaires.
17 — *(Relâche.)*
18 — L'Ami des femmes.
19 — Il était une bergère... — Blanchette.
20 — *(Matinée.)* — Jean-Marie. — Le Dépit amoureux. — Le Gendre de M. Poirier.
(Soirée.) — Britannicus. — Le Baiser.
21 — Tartuffe. — Le Malade imaginaire.
22 — Les Affaires sont les affaires.
23 — *(Matinée.)* — La Marche nuptiale.
(Soirée.) — Le Dédale.
24 — *(Relâche.)*
25 — Jean-Marie. — Britannicus.
26 — L'Ami des femmes.
27 — *(Matinée.)* — Le Dépit amoureux. — La Nuit d'Octobre. — Le Gendre de M. Poirier.
(Soirée.) — Le Monde où l'on s'ennuie.
28 — Les Affaires sont les affaires.
29 — Le Duel.
30 — *(Matinée.)* — Horace. — Le Malade imaginaire.
(Soirée.) — L'Ami des femmes.
31 — *(Relâche.)*

FÉVRIER

1er — Tartuffe. — L'Énigme.
2 — Primerose.
3 — *(Matinée.)* — Horace et Lydie. — Le Monde où l'on s'ennuie.
(Soirée.) — L'Ami des femmes.
4 — La Marche nuptiale.
5 — Le Dédale.
6 — *(Matinée.)* — Britannicus. — Blanchette.
(Soirée.) — L'Aventurière. — L'Anglais tel qu'on le parle.
7 — *(Relâche.)*
8 — *(Matinée au profit de l'Œuvre du Soldat blessé ou malade.)* — Répétition générale de : La Figurante.
(Soirée.) — L'Ami des femmes.
9 — La Première Bérénice. — La Figurante. (1re Représentation à ce théâtre.)

10 — *(Matinée.)* — Horace et Lydie. — Le Monde où l'on s'ennuie.
(Soirée.) — Les Affaires sont les affaires.
11 — La Première Bérénice. — La Figurante.
12 — La Paix chez soi. — Le Barbier de Séville.
13 — *(Matinée.)* — Gringoire. — L'Ami Fritz.
(Soirée.) — Le Demi-monde.
14 — *(Relâche.)*
15 — La Première Bérénice. — La Figurante.
16 — Le Dédale.
17 — *(Matinée.)* — Les Honnêtes femmes. — La Nuit d'Octobre. — Britannicus.
(Soirée.) — Le Barbier de Séville. — L'Augusta. (1re Représentation.)
18 — L'Ami des femmes.
19 — La Figurante. — L'Augusta.
20 — *(Matinée.)* — Les Affaires sont les affaires.
(Soirée.) — Primerose.
21 — *(Relâche.)*
22 — La Figurante. — L'Augusta.
23 — La Fontaine de Jouvence. — Andromaque.
24 — *(Matinée.)* — Les Honnêtes femmes. — La Nuit d'Août. — Britannicus.
(Soirée.) — Il était une bergère... — La Figurante.
25 — La Figurante. — L'Augusta.
26 — *(Matinée.)* — *114e Anniversaire de la naissance de Victor Hugo.*

POÉSIES DE VICTOR HUGO

J'aime un groupe d'enfants qui rit et qui s'assemble. Giboulées. M. Rocher. — L'Idylle de Floriane. Mlle Valpreux. — La Chanson des aventuriers de la mer. M. Le Roy. — Adieux de l'hôtesse arabe. Mme Colonna Romano. — Le Parricide. M. Fenoux. — Le Pot cassé. Mlle Ducos. — *Lorsque l'enfant paraît, le cercle de famille...* Hymne *(Ceux qui pieusement sont morts pour la patrie).* M. Leitner. — Bon conseil aux amants. Le Poème du jardin des plantes (III; Ce que dit le public). Mme Bovy. — L'Aigle du casque. Mlle Roch. — Chansons de Gavroche (1° *L'Oiseau médit dans les charmilles;* 2° *Voici la lune qui paraît).* Mme Dussane.

Ruy Blas (1). — Marion de Lorme (2).

(1) Acte V.
(2) Acte IV.

LA COURONNE POÉTIQUE (1)

Hommages à Victor Hugo.

Hymne à Victor Hugo (Orchestre et chœurs). C. SAINT-SAENS. — Hymne national Russe (Orchestre). — A Victor Hugo. M. I. LERMONTOV (?). Mlle GUINTINI. — Hymne national Italien (Orchestre). — Hymne à Victor Hugo. G. D'ANNUNZIO. Mlle DELVAIR. — La Brabançonne (Orchestre). — *Vrai chevalier de tant de bonnes causes.* E. VERHAEREN. Mme L. SILVAIN. — Hymne national Anglais (Orchestre). — Ode à la statue de Victor Hugo *(Depuis les jours où Zeus; dans Athènes visible...).* A. C. SWINBURNE. Mlle ROCH. — *Ce siècle avait deux ans. Rome remplaçait Sparte.* V. HUGO. Mme WEBER. — Lyrnessi domus alta, solo laurente sepulcrum *(Livrée à tous les vents qui descendent du pôle...).* V. HUGO. Mme LARA. — Le Chant du départ. M.-J. DE CHÉNIER et MÉHUL. Chanté par Mme DUSSANE (orchestre et chœurs).

26 — *(Soirée.)* — La Marche nuptiale.
27 — *(Matinée.)* — L'Ami des femmes.
(Soirée.) — Le Monde où l'on s'ennuie.
28 — *(Relâche.)*
29 — La Fontaine de Jouvence. — Andromaque.

MARS

1er — Le Duel.
2 — *(Matinée.)*

POÉSIES DE VICTOR HUGO (2)

Ruy Blas (3). — Marion de Lorme (4).

(1) « Enfin nous arrivons au *Couronnement poétique*. La cérémonie est ainsi réglée : au lever du rideau, sur un rocher, à gauche, se dresse le buste de Victor Hugo; d'un côté est assise Mme Lara, de blanc vêtue; de l'autre, se tient debout Mme Weber, en noir, les bras nus; auprès du rocher, Mme Bartet. Les trois femmes tendent une palme vers le poète. L'orchestre dans la coulisse joue un *Hymne à Victor Hugo*, de M. Camille Saint-Saëns; les artistes vont défiler devant le buste et déposer chacun une palme. A la fin du défilé, Mmes Guintini, Delvair, Louise Silvain et Madeleine Roch entrent ensemble. Chacune tient à la main le drapeau d'un pays ami qu'elle représente : Russie, Italie, Belgique, Angleterre. C'est l'hommage des Alliés à notre grand Hugo. Des morceaux de Lermontov, Gabriele d'Annunzio, Emile Verhaeren, Charles Swinburne sont dits par les vibrantes tragédiennes, chaque poème étant précédé de l'hymne du pays dont les artistes nous offrent le vivant symbole.

« Puis nous revenons au *Couronnement* « ordinaire » : Mme Weber déchaîne l'enthousiasme en disant : « Ce siècle avait deux ans. »

(Émile MAS, *Excelsior*, 29 Février 1916.)

(2) Mêmes poésies que celles récitées à la matinée du 26 Février.
(3) Acte V.
(4) Acte IV.

LA COURONNE POÉTIQUE (1)

Hommages à Victor Hugo.

2 — *(Soirée.)* — La Princesse Georges. — Le Jeu de l'amour et du hasard.

3 — *(Relâche pour les obsèques de M. Mounet-Sully, Sociétaire-Doyen de la Comédie-Française.)*

4 — *(Matinée (2) de gala au bénéfice de l'Hôpital de l'École Normale supérieure.)*

Ouverture de *Castor et Pollux*. RAMEAU. (Orchestre sous la direction de M. BACHELET.) — Hommage aux morts pour la Patrie. *a)* Marche funèbre. CHOPIN. (Joué au piano par M. V. GILLE.) *b)* Élégie. G. FAURÉ. MM. P. BAZELAIRE, DORFMANN, DUCHON-DORIS, HEKKING, A. LÉVY, MASSON, RUYSSEN, J. SALMON, SCHIDENHELM, ZIGHÉRA; Mmes DELORME, ELLIS, LAFFITE. Ces deux œuvres servirent de thème à une danse funèbre exécutée par Mmes VALSI, BRANA, DELORD, E. KUBLER, ROLLA, GANEVARD, RODET, GUDIN, DAMAZIO, DURIEUX, GISÈLE. (Orchestre sous la direction de M. P. VIDAL.) — Allocution par M. P. PAINLEVÉ, Ministre de l'Instruction publique. — Deux Nocturnes, deux Préludes, trois Mazurkas. CHOPIN. Interprétés au piano par Mlle G. DEHELLY et accompagnés de danses par Mlles VALSI, BRANA, DELORD, GANEVARD, DURIEUX, GISÈLE.

ORPHÉE (3)

Orphée, Mme ROSE CARON. — *L'Amour*, Mlle MATHIEU-LUTZ.
Orchestre sous la direction de M. P. VIDAL.

LA BELLE VISITE (4)

L'Homme de bronze, M. DE MAX. — *La Jeune femme*, Mme J. PIERLY. — Mlle DUCOS (rôle muet).

IPHIGÉNIE EN TAURIDE (5)

Pylade, M. LAFITTE. — *Oreste*, M. GRESSE. — *Iphigénie*, Mlle CHENAL. — *Prêtresses*, Mmes LAUTE-BRUN, HAREMBOURG, BONNET-BARON, GAULEY-TEXIER.
Orchestre sous la direction de M. BACHELET.

L'Humble offrande.

(1) Mêmes poésies que celles récitées à la matinée du 26 Février. *Le Chant du départ* (chanté par Mme Dussane et les chœurs) est bissé.

(2) Pendant un entr'acte, buffet, par petites tables, servi au foyer du public par les soins aimables d'artistes de la Comédie-Française et d'autres théâtres.

(3) De Gluck. Acte I.

(4) Pièce inédite en un acte de H. Kistemaeckers. Musique de scène de M. Jacquet.

(5) De Piccini. Acte III.

VITRAIL (1)

Féal Bertrand, M. Albert-Lambert fils. — *Doulce Violaine*, Mlle Bartet. — *Gaie Chambrière*, Mme Dussane. — *Gentil Jongleur*, Mme Bovy.

La Marseillaise. ROUGET DE L'ISLE. Mlle Chenal et les chœurs; orchestre sous la direction de M. P. Vidal.

4 — *(Soirée.)* — Le Barbier de Séville. — L'Humble offrande (2). (1re Représentation.)

5 — *(Matinée.)* — Bérénice. — Tartuffe.

(Soirée.) — Mademoiselle de Belle-Isle. — L'Humble offrande.

6 — *(Relâche.)*

7 — *(Matinée.)* — Britannicus. — Le Malade imaginaire.

(Soirée.) — Les Honnêtes femmes. — L'Humble offrande. — Il ne faut jurer de rien.

8 — L'Aventurière. — L'Énigme.

9 — *(Matinée.)*

POÉSIES DE VICTOR HUGO (3)

Ruy Blas (4). — Marion de Lorme (5).

LA COURONNE POÉTIQUE (6)

Hommages à Victor Hugo.

(Soirée.) — L'Ami des femmes.

10 — Le Monde où l'on s'ennuie. — L'Humble offrande.

11 — Primerose.

12 — *(Matinée.)* — Les Honnêtes femmes. — L'Humble offrande. — Le Cid.

(Soirée.) — Une Chaîne.

13 — *(Relâche.)*

14 — Mademoiselle de la Seiglière.

15 — La Marche nuptiale.

(1) Un acte inédit, en vers, de R. Fauchois.

(2) Cette pièce avait déjà été jouée à la Comédie-Française à une matinée à bénéfice (le 4 Mars).

(3) Mêmes poésies que celles récitées à la matinée du 26 Février.

(4) Acte V.

(5) Acte IV.

(6) Mêmes poésies que celles récitées à la matinée du 26 Février.

16 — *(Matinée.)* — A quoi rêvent les jeunes filles (1). — Les Brebis de Panurge. — Les Caprices de Marianne. — Il ne faut jurer de rien.
(Soirée.) — Le Médecin malgré lui. — L'Augusta. — Boubouroche.
17 — Britannicus. — Poil de carotte.
18 — *(Matinée.)* — Horace. — Le Barbier de Séville.
(Soirée.) — Les Brebis de Panurge. — L'Humble offrande. — La Princesse Georges.
19 — *(Matinée.)* — La Fille de Roland.
(Soirée.) — Mademoiselle de la Seiglière.
20 — *(Relâche.)*
21 — Andromaque. — Les Brebis de Panurge.
22 — Le Duel.
23 — *(Matinée.)* — A quoi rêvent les jeunes filles (2). — Les Brebis de Panurge. — Les Caprices de Marianne. — Il ne faut jurer de rien.
(Soirée.) — Le Dédale.
24 — Primerose.
25 — *(Matinée.)* — Phèdre. — Le Jeu de l'amour et du hasard.
(Soirée.) — La Marche nuptiale.
26 — *(Matinée.)* — Une Chaîne. — L'Augusta.
(Soirée.) — L'Ami des femmes.
27 — *(Relâche.)*
28 — Le Flibustier. — Boubouroche.
29 — Britannicus. — Poil de carotte.
30 — *(Matinée.)* — La Fille de Roland.
(Soirée.) — Les Brebis de Panurge. — La Mégère apprivoisée.
31 — Le Monde où l'on s'ennuie.

AVRIL

1er — *(Matinée.)* — Les Honnêtes femmes. — Gringoire. — Le Misanthrope.
(Soirée.) — La Mégère apprivoisée. — L'Humble offrande.
2 — *(Matinée.)* — A quoi rêvent les jeunes filles (3). — Les Brebis de Panurge. — Les Caprices de Marianne. — Il ne faut jurer de rien.
(Soirée.) — Mademoiselle de la Seiglière.
3 — *(Relâche.)*
4 — Un Caprice. — La Mégère apprivoisée.

(1-2-3) Fragments (voir note 1, page 30).

5 — Le Dédale.
6 — *(Matinée.)* — La Fille de Roland.
(Soirée.) — A quoi rêvent les jeunes filles (1). — Le Gendre de M. Poirier.
7 — La Mégère apprivoisée. — L'Humble offrande.
8 — *(Matinée.)* — Le Luthier de Crémone. — Britannicus. — Poil de carotte.
(Soirée.) — La Marche nuptiale.
9 — *(Matinée.)* — Les Caprices de Marianne. — Mademoiselle de la Seiglière.
(Soirée.) — Les Affaires sont les affaires.
10 — *(Relâche.)*
11 — L'Anglais tel qu'on le parle. — Le Baiser. — Électre.
12 — La Première Bérénice. — La Mégère apprivoisée.
13 — *(Matinée.)* — Andromaque. — Poil de carotte.
(Soirée.) — La Paix chez soi. — La Figurante.
14 — *(Matinée au bénéfice du Comité d'assistance en Alsace-Lorraine.)* — Répétition générale de : Les Rantzau.

DANSES ET CHANSONS D'ALSACE (2)

Mmes Chasles, C. Bos, Bugg; les petites Roselli, Sacky, Lamballe, Dargyl, Dambre, Barban.

Le Chant du départ.

La Marseillaise, chantée par Mme M. Carré.

(Soirée.) — Les Rantzau.
15 — *(Matinée.)* — Le Cid. — Les Plaideurs.
(Soirée.) — Les Ouvriers. — La Mégère apprivoisée.
16 — *(Matinée.)* — Le Dédale.
(Soirée.) — Électre. — Boubouroche.
17 — *(Relâche.)*
18 — Les Rantzau.
19 — Le Passant. — La Mégère apprivoisée.
20 — *(Relâche.)*
21 — *(Relâche.)*
22 — *(Relâche.)*
23 — Les Rantzau.

(1) Fragments (voir note 1, page 30).
(2) Musique de J.-B. Weckerlin. Divertissement réglé par Mlle Chasles.

24 — *(Matinée.)* — La Marche nuptiale.
(Soirée.) — Britannicus. — Les Précieuses ridicules.

25 — *(Matinée.)* — Électre. — La Mégère apprivoisée.
(Soirée.) — Primerose.

26 — Le Duel.

27 — *(Matinée.)* — Le Mariage de Figaro.
(Soirée.) — Les Rantzau.

28 — Horace et Lydie. — La Figurante.

29 — *(Matinée.)* — Andromaque. — Il ne faut jurer de rien.
(Soirée.) — L'Humble offrande. — La Mégère apprivoisée.

30 — *(Matinée.)* — A quoi rêvent les jeunes filles (1). — Le Barbier de Séville. — L'Anglais tel qu'on le parle.
(Soirée.) — L'Ami des femmes.

MAI

1er — *(Relâche.)*

2 — *(Matinée au bénéfice des Réfugiés de la Lorraine.)*

La Marseillaise. Le Carnaval de Venise. A. THOMAS. (La Musique de la Garde Républicaine, sous la direction de M. G. Balay.) — *Ramuntcho* (ouverture). G. PIERNÉ. (La Musique de la Garde Républicaine, sous la direction de M. G. Pierné.) — Allocution par M. M. BARRÈS, sur Metz et la Lorraine.

La Nouvelle idole (2). — Le Mariage de Hoche.

La Musique sur l'esplanade. J. CLARETIE. Mlle Delvair, accompagnée par la musique. — La Petite Altesse présomptueuse du petit château de Lunéville. J. TRUFFIER, d'après A. de DUMAST. Mlle Bartet. — Danses et chansons populaires Lorraines (3) *a)* Le Mois de Mai, chant de quête de la Lorraine. *b)* Noël Lorrain (1732). *c)* En passant par la Lorraine, ronde du pays messin. Chant : Mlle M. Bonnard. Danse : Mlles Roselli, Sacky, Lamballe, Dorvyl, Dambre, Barban.

POÉSIES ET PAGES D'AUTEURS MESSINS OU PARLANT DE LA LORRAINE

La Porteuse d'or. M. POTTECHER. Mme Dux. — L'Enseigne du soldat laboureur. R. MAIZEROY. Mlle Guintini. — La Galette Lorraine. A. THEURIET. Mlle Valpreux. — Metz, vieille ville. G. DUCROCQ. Le Clocher. Chant

(1) Fragments (voir note 1, page 30).
(2) Acte II.
(3) Recueillies, harmonisées et orchestrées par J. Tiersot. Divertissement réglé par Mlle Chasles.

de guerre. P. DÉROULÈDE. Mlle Ducos. — *Ah! si l'amour prenait racine*, chanson populaire Lorraine. Mme Dussane. — Ode à Metz. P. VERLAINE. Mme Lara. — La Cloche de Metz au canon de France. Poème dit par l'auteur E. HINZELIN.

Colette Baudoche (1).

Le Sonnet de la vraie Colette. P. FRONDAIE. Mlle Bartet.

CHANSONS A DANSER (2).

Le Menuet : chant, Mlle Bonnard; danse, Mlle Valpreux. — La Gavotte : chant, Mlle Bugg; danse, Mme Duflos. — La Bourrée : chant, Mlle Bonnard; danse, Mmes Robinne, Faber. — La Sarabande : chant, Mlle Bonnard; danse, Mme Lara. — Le Passe-Pied : chant, Mmes Bugg, Bonnard; danse, Mmes Bovy, Nizan.

Orchestre sous la direction de M. Balbreck. Accompagnateur : M. Rivière.

2 — *(Soirée.)* — Le Demi-monde.
3 — Les Affaires sont les affaires.
4 — *(Matinée.)* — Andromaque. — Poil de carotte.
(Soirée.) — La Paix chez soi. — La Mégère apprivoisée.
5 — A quoi rêvent les jeunes filles (3). — Le Gendre de M. Poirier.
6 — *(Matinée.)* — Le Dépit amoureux. — Mademoiselle de la Seiglière.
(Soirée.) — La Marche nuptiale.
7 — *(Matinée.)* — Blanchette. — Le Jeu de l'amour et du hasard.
(Soirée.) — Primerose.
8 — *(Relâche.)*
9 — Les Rantzau.
10 — Le Voyage de M. Perrichon. — L'Anglais tel qu'on le parle.
11 — *(Matinée.)* — Les Rantzau.
(Soirée.) — L'Aventurière. — Venise.
12 — L'Augusta. — La Mégère apprivoisée.
13 — *(Matinée.)* — Britannicus. — Le Médecin malgré lui.
(Soirée.) — Le Marquis de Priola.
14 — *(Matinée.)* — Phèdre. — Le Malade imaginaire.
(Soirée.) — Les Rantzau.
15 — *(Relâche.)*
16 — Le Marquis de Priola.

(1) Acte III.
(2) Musique de A. Bruneau. Poèmes de C. Mendès.
(3) Fragments (voir note 1, page 30).

17 — L'Ami des femmes.
18 — *(Matinée.) — Troisième Centenaire de Shakespeare et Cervantès.*

POÉSIES

Roméo et Juliette. Othello. H. de RÉGNIER. Mlle Ducos. — Don Quichotte, sonnets de L. VALADE. Mlle Roch. — Shakespeare chez Molière. J. AICARD. *Le Tragédien*, M. Silvain. *La Comédienne*, Mme L. Silvain. (1re Représentation.) — Shakespeare et Cervantès, sonnets de E. HARAUCOURT. Mme Weber.

Conférence par M. E. BOUTROUX.

Macbeth (1). — Shylock (2). — Hamlet (3). — Les Disputes de la Saint-Jean. (1re Représentation.)

(Soirée.) — Les Rantzau.

19 — Le Marquis de Priola.
20 — A quoi rêvent les jeunes filles (4). — La Figurante.
21 — *(Matinée.)* — Le Luthier de Crémone. — L'Humble offrande. — La Mégère apprivoisée.

(Soirée.) — Les Brebis de Panurge. — Le Voyage de M. Perrichon.

22 — *(Relâche.)*
23 — Le Marquis de Priola.
24 — *(Matinée.) — Gala des Marins de France au bénéfice de l'Œuvre du Souvenir de la France à ses marins.*

La Marseillaise. Ouverture de *Le Roi d'Ys*. E. LALO. Mousse de Bretagne. FARIGOUL. (La Musique des équipages de la flotte, sous la direction de son chef, M. Farigoul.) — Allocution de M. P. LOTI, entouré de fusiliers marins. — Pour les Fusiliers marins. J. de FÉRAUDY. M. de Max. — Numéro 13 (Souvenir du 4e régiment d'infanterie de Marine), conté par l'auteur J. TRUFFIER. — Dixmude (fragment). C. LE GOFFIC. Mlle Bartet. — La Marseillaise, chantée par Mme M. Delna, accompagnée par la musique des équipages de la flotte.

LES DEUX GLOIRES (5)

Le Père Baudoin, M. de Féraudy. — *Jacques*, M. Rocher. — *Mme Philippe*, Mme J. Granier. — *Louisette*, Mme Bovy.

(1) Tableau IV (8 premières scènes).
(2) Tableau IV (moins les 3 dernières scènes).
(3) Tableaux VI, VII, VIII, IX (voir note 3, page 31).
(4) Fragments (voir note 1, page 30).
(5) Voir page 53.

LA TRAVIATA (1)

D'Orbel père, M. M. Battistini. — *Rodolphe d'Orbel*, M. L. David. — *Violetta*, Mlle E. de Lys.

Orchestre sous la direction de M. Picheran.

a) Prologue de *Paillasse*. LÉONCAVALLO. (Orchestre sous la direction de M. P. Vidal.) *b)* Air de *Un Ballo in maschera*. VERDI. (Au piano : M. R. Barthélemy.) *c)* Romance. (Au piano : M. R. Barthélemy.) M. M. Battistini. — La Provence II. P. FERRIER. Mlle Delvair. — Air. M. L. David. (Au piano. M. F. Rivière.) — Les Pauvres gens. V. HUGO. Mme Weber. — L'Héritage du grand-père. E. LE MOUEL. M. Silvain. — Danse Française. P. VIDAL. Mmes Chasles, Schwartz. Danse Écossaise. P. VIDAL. Mmes Eymonet, Aveline, Mantout. Danse Russe. Mlle S. Pavloff. Danse Italienne. P. VIDAL. Mlle Zambelli; M. Aveline.

Orchestre sous la direction de M. P. Vidal.

CARMEN (2)

Don José, M. Darmel. — *Carmen*, Mlle L. Bréval.

Orchestre et chœurs sous la direction de M. P. Vidal.

SANS NOUVELLES (3)

Duval, M. Dehelly. — *Le Commandant*, M. Mayer. — *Un Marin*, M. Falconnier. — *Le Baron*, M. Numa. — *Charlier*, M. Le Roy. — *Schaffner*, M. Denis d'Inès. — *Un Passager*, M. Chaize. — *Un Second*, M. Dufresne. — *Un Passager*, M. Alcover. — *Un Passager*, M. Pizani. — *Geneviève*, Mlle Roch. — *La Baronne*, Mme Devoyod. — *Une Passagère*, Mme Roussel. — *Riquel*, le petit Fleury.

24 — *(Soirée.)* — Les Rantzau.

25 — *(Matinée.)* — *Troisième Centenaire de Shakespeare et Cervantès.*

POÉSIES

Roméo et Juliette. Othello. H. de REGNIER. Mlle Ducos. — Don Quichotte, sonnets de L. VALADE. Mlle Roch. — Shakespeare chez Molière. J. AICARD. *Le Tragédien*, M. Silvain. *La Comédienne*, Mme L. Silvain. — Shakespeare et Cervantès, sonnets de E. HARAUCOURT. Mme Weber.

Conférence par M. E. BOUTROUX.

(1) Acte II. Paroles de Duprez. Musique de Verdi.

(2) Fragments de l'acte IV. Opéra-comique de H. Meilhac et Lud. Halévy. Musique de G. Bizet.

(3) Drame maritime en un acte, en prose, de C. Le Goffic et André Dumas.

Macbeth (1). — Shylock (2). — Hamlet (3). — Les Disputes de la Saint-Jean.

25 — *(Soirée.)* — La Marche nuptiale.

26 — Primerose.

27 — Le Marquis de Priola.

28 — *(Matinée.)* — Les Rantzau.

(Soirée.) — L'Étincelle. — La Mégère apprivoisée.

29 — *(Relâche.)*

30 — Les Précieuses ridicules. — Démocrite (4). — L'Été de la Saint-Martin. — Shylock (5).

31 — Le Marquis de Priola.

JUIN

1er — *(Matinée.)* — *(Relâche pour les obsèques nationales du Général Galliéni.)*

(Soirée). — Psyché (6). — Le Cid.

2 — Le Dédale.

3 — Les Affaires sont les affaires.

4 — *(Matinée.)* — Horace. — Le Menteur.

(Soirée.) — Le Marquis de Priola.

5 — *(Relâche.)*

6 — *310e Anniversaire de la naissance de Corneille.* — Corneille et Richelieu. — Polyeucte.

7 — Le Duel.

8 — *(Matinée.)* — Le Bonhomme Jadis. — La Veillée des armes. — La Mégère apprivoisée.

(Soirée.) — Les Rantzau.

9 — Primerose.

10 — Le Marquis de Priola.

11 — *(Matinée.)* — Les Caprices de Marianne. — Shylock (7). — Nicomède.

(Soirée.) — Les Rantzau.

12 — *(Matinée.)* — Polyeucte. — Le Flibustier.

(Soirée.) — L'Étincelle. — La Mégère apprivoisée.

(1) Tableau IV (8 premières scènes).
(2) Tableau IV (moins les 3 dernières scènes).
(3) Tableaux VI, VII, VIII, IX (voir note 3, page 31).
(4) Scène (voir note 2, page 31).
(5) Tableau IV (moins les 3 dernières scènes).
(6) Acte III.
(7) Tableau IV (moins les 3 dernières scènes).

13 — *(Matinée.)* — Le Mariage de Hoche (1). (1re Représentation.) — Bérénice. — Shylock (2).
(Soirée.) — Le Monde où l'on s'ennuie.
14 — La Marche nuptiale.
15 — *(Matinée.)* — Les Rantzau.
(Soirée.) — Britannicus. — Gringoire.
16 — A quoi rêvent les jeunes filles (3). — L'Humble offrande. — Polyeucte.
17 — L'Ami des femmes.
18 — *(Matinée.)* — Le Marquis de Priola.
(Soirée.) — On ne badine pas avec l'amour. — Le Baiser.
19 — *(Relâche.)*
20 — Le Demi-monde.
21 — Le Dédale.
22 — *(Matinée.)* — Andromaque. — Il ne faut jurer de rien.
(Soirée.) — Le Marquis de Priola.
23 — L'Ami des femmes.
24 — Primerose.
25 — *(Matinée.)* — On ne badine pas avec l'amour. — L'Augusta. — Les Disputes de la Saint-Jean.
(Soirée.) — Le Marquis de Priola.
26 — *(Relâche.)*
27 — Le Mariage de Hoche. — Polyeucte.
28 — La Marche nuptiale.
29 — *(Matinée.)* — George Dandin. — Le Barbier de Séville.
(Soirée.) — Le Marquis de Priola.
30 — On ne badine pas avec l'amour. — Les Deux gloires (4). (1re Représentation.)

JUILLET

1er — La Première Bérénice. — La Mégère apprivoisée.
2 — *(Matinée.)* — Le Mariage de Figaro.
(Soirée.) — Le Père Lebonnard.

(1) Cette pièce avait déjà été jouée à la Comédie-Française à une matinée à bénéfice (le 2 Mai).
(2) Tableau IV (moins les 3 dernières scènes).
(3) Fragments (voir note 1, page 30).
(4) Cette pièce avait déjà été jouée à la Comédie-Française à une matinée à bénéfice (le 24 Mai).

3 — *(Relâche.)*
4 — Le Marquis de Priola.
5 — George Dandin. — Les Deux gloires. — L'Énigme.
6 — *(Matinée.)* — Électre. — Les Femmes savantes.
(Soirée.) — Le Père Lebonnard.
7 — Britannicus. — L'Été de la Saint-Martin.
8 — Les Deux gloires. — On ne badine pas avec l'amour.
9 — *(Matinée.)* — La Marche nuptiale.
(Soirée.) — Le Monde où l'on s'ennuie.
10 — *(Relâche.)*
11 — L'Ami des femmes.
12 — Le Marquis de Priola.
13 — *(Matinée.)* — Polyeucte. — L'Étourdi.
(Soirée.) — Le Voyage de M. Perrichon. — L'Humble offrande.
14 — *(Matinée gratuite.)* (1) — Horace. — La Marseillaise (dite par Mmes Delvair, L. Silvain, Roch, Bovy). — Le Malade imaginaire.
(Soirée.) — *(Relâche.)*
15 — Le Père Lebonnard.
16 — *(Matinée.)* — Le Marquis de Priola.
(Soirée.) — Primerose.
17 — *(Relâche.)*
18 — Le Duel.
19 — A quoi rêvent les jeunes filles (2). — L'Ami Fritz.
20 — *(Matinée.)* — La Bonne mère. — Bérénice. — George Dandin.
(Soirée.) — La Paix chez soi. — Le Gendre de M. Poirier.
21 — Le Dédale.
22 — La Bonne mère. — Britannicus.
23 — *(Matinée.)* — Les Deux gloires. — Primerose.
(Soirée.) — L'Aventurière. — L'Anglais tel qu'on le parle.
24 — *(Relâche.)*
25 — Le Marquis de Priola.
26 — Le Demi-monde.
27 — *(Matinée.)* — Andromaque. — Tartuffe.
(Soirée.) — La Mégère apprivoisée. — Les Deux gloires.
28 — Il ne faut jurer de rien. — L'Été de la Saint-Martin.
29 — Blanchette. — Poil de carotte.

(1) Cette matinée était offerte aux soldats blessés.
(2) Fragments (voir note 1, page 30.)

30 — *(Matinée.)* — Le Jeu de l'amour et du hasard. — Le Barbier de Séville.
(Soirée.) (1) — Le Misanthrope. — Les Brebis de Panurge.

SEPTEMBRE

1er — *(Réouverture.)* — Polyeucte. — Le Médecin malgré lui.
2 — Les Affaires sont les affaires.
3 — *(Matinée.)* — L'Étourdi. — Britannicus.
(Soirée.) — Les Rantzau.
4 — *(Relâche.)*
5 — Le Marquis de Priola.
6 — Primerose.
7 — *(Matinée.)* — Il ne faut jurer de rien. — L'Étincelle. — Gringoire.
(Soirée.) — Le Flibustier. — Le Jeu de l'amour et du hasard.
8 — L'Ami des femmes.
9 — Le Malade imaginaire. — Boubouroche.
10 — *(Matinée.)* — Le Mariage de Hoche. — Andromaque. — Un Caprice.
(Soirée.) — La Marche nuptiale.
11 — *(Relâche.)*
12 — George Dandin. — Riquet à la houppe.
13 — Les Plaideurs. — Les Femmes savantes.
14 — *(Matinée.)* — Mademoiselle de Belle-Isle. — Les Fourberies de Scapin.
(Soirée.) — Le Demi-monde.
15 — La Nuit de Mai. — Mademoiselle de la Seiglière.
16 — Le Passe-montagne. (1re Représentation.) — La Mégère apprivoisée.
17 — *(Matinée.)* — Le Mariage de Figaro.
(Soirée.) — Le Stradivarius. — Le Père Lebonnard.
18 — *(Relâche.)*
19 — L'Aventurière. — Shylock (2).
20 — A quoi rêvent les jeunes filles (3). — Le Gendre de M. Poirier.
21 — *(Matinée.)* — Polyeucte. — L'École des maris.
(Soirée.) — Le Marquis de Priola.
22 — Les Rantzau.

(1) La Comédie-Française a fermé ses portes, après cette représentation, jusqu'à la fin du mois d'Août.
(2) Tableau IV (moins les 3 dernières scènes).
(3) Fragments (voir note 1, page 30).

23 — Le Marquis de Villemer.
24 — *(Matinée.)* — La Marche nuptiale.
(Soirée.) — Primerose.
25 — *(Relâche.)*
26 — Les Caprices de Marianne. — Riquet à la houppe.
27 — Le Marquis de Villemer.
28 *(Matinée.)* — Britannicus. — Tartuffe.
(Soirée.) — Les Affaires sont les affaires.
29 — Le Père Lebonnard. — L'Anglais tel qu'on le parle.
30 — La Revanche d'Iris. — L'Avare.

OCTOBRE

1er — *(Matinée.)* — Andromaque. — Riquet à la houppe.
(Soirée.) — Le Marquis de Villemer.
2 — *(Relâche.)*
3 — Le Flibustier. — L'École des maris.
4 — On ne badine pas avec l'amour. — L'Été de la Saint-Martin.
5 — *(Matinée.)* — Le Passe-montagne. — Le Marquis de Villemer.
(Soirée.) — Il ne faut jurer de rien. — Riquet à la houppe.
6 — La Marche nuptiale.
7 — Le Marquis de Priola.
8 — *(Matinée.)* — Il était une bergère... — Le Père Lebonnard. — L'Anglais tel qu'on le parle.
(Soirée.) — Le Demi-monde.
9 — *(Relâche.)*
10 — Le Passant. — L'Avare.
11 — L'Ami des femmes.
12 — *(Matinée.)* — Le Cid. — Les Fourberies de Scapin.
(Soirée.) — Le Marquis de Villemer.
13 — Boubouroche. — Blanchette.
14 — Le Duel.
15 — *(Matinée.)* — Cinna. — Le Malade imaginaire.
(Soirée.) — Le Passe-montagne. — La Veillée des armes. — On ne badine pas avec l'amour.
16 — *(Relâche.)*
17 — La Fille de Roland.
18 — Le Stradivarius. — Le Monde où l'on s'ennuie.
19 — *(Matinée.)* — Le Cid. — Les Fourberies de Scapin.

19 — *(Soirée.)* — La Marche nuptiale.

20 — Les Affaires sont les affaires.

21 — La Revanche d'Iris. — Les Tenailles. — L'Anglais tel qu'on le parle.

22 — *(Matinée.)* — L'Été de la Saint-Martin. — Les Rantzau.

(Soirée.) — Le Père Lebonnard. — Les Brebis de Panurge.

23 — *(Relâche.)*

24 (1) — Un Caprice. — L'Avare.

25 — La Course du flambeau. (1re Représentation à ce théâtre.) — In memoriam. (1re Représentation.)

26 — *(Matinée.)* — Le Marquis de Villemer. — Les Précieuses ridicules.

(Soirée.) — La Marche nuptiale.

27 — Le Marquis de Priola.

28 — La Course du flambeau.

29 — *(Matinée.)* — Horace. — Le Misanthrope.

(Soirée.) — L'Ami des femmes.

30 — La Nuit de Mai. — Le Monde où l'on s'ennuie.

31 — La Course du flambeau.

NOVEMBRE

1er — *(Matinée.)* — Électre. — Tartuffe.

(Soirée.) — Les Plaideurs. — Polyeucte.

2 — *(Relâche.)*

3 — Le Demi-monde.

4 — La Course du flambeau.

5 — *(Matinée.)* — La Marche nuptiale.

(Soirée.) — Les Caprices de Marianne. — Riquet à la houppe

6 — Gringoire. — Le Voyage de M. Perrichon.

7 — La Course du flambeau.

8 — Le Marquis de Priola.

9 — *(Matinée.)* — Nicomède. — Cantate aux morts. (1re Représentation.) — L'Avare.

(Soirée.) — L'Étincelle. — Le Monde où l'on s'ennuie.

10 — Les Affaires sont les affaires.

11 — La Course du flambeau.

12 — *(Matinée.)* — Blanchette — Riquet à la houppe.

(Soirée.) — La Marche nuptiale.

(1) L'après-midi, on a donné la répétition générale de : *La Course du flambeau* et de *In memoriam*.

13 — Le Passe-montagne. — Le Chandelier.
14 — La Course du flambeau.
15 — On ne badine pas avec l'amour. — L'Été de la Saint-Martin.
16 — *(Matinée.)* — Nicomède. — Cantate aux morts. — L'Avare.
(Soirée.) — L'Ami des femmes.
17 — *(Relâche.)*
18 — Le Marquis de Villemer.
19 — *(Matinée.)* — Les Affaires sont les affaires.
(Soirée.) — George Dandin. — Le Jeu de l'amour et du hasard.
20 — Un Caprice. — L'Aventurière.
21 — Le Plaisir de rompre. — Le Chandelier.
22 — La Course du flambeau.
23 — *(Matinée.)* — Bajazet. — Le Misanthrope.
(Soirée.) — La Marche nuptiale.
24 — *(Relâche.)*
25 — Le Duel.
26 — *(Matinée.)* — Les Deux gloires.

POÈMES DE GUERRE

Aux morts de la grande guerre. R. BERTON. Mlle ROCH. — Les Cuirassiers de Reischoffen. E. BERGERAT. M. LEITNER. — Mors puerorum. F. DE CROISSET. Haine sacrée. F. DE CROISSET. Mlle DELVAIR.

Le Marquis de Priola.

(Soirée.) — Les Rantzau.
27 — La Princesse Georges. — Les Nouveaux pauvres. (1re Représentation.)
28 — La Première Bérénice. — Le Chandelier.
29 — La Revanche d'Iris. — Le Père Lebonnard.
30 — *(Matinée.)* — Bajazet. — Le Misanthrope.
(Soirée.) — La Course du flambeau.

DÉCEMBRE

1er — *(Relâche.)*
2 — Le Monde où l'on s'ennuie. — L'Anglais tel qu'on le parle.
3 — *(Matinée.)* — La Paix chez soi. — Primerose. — Le Stradivarius.
(Soirée.) — Le Chandelier. — Le Baiser.
4 — Le Marquis de Priola.
5 — Bajazet. — Les Nouveaux pauvres.

6 — La Course du flambeau.

7 — *(Matinée.)* — Cinna.

HOMMAGE A ÉMILE VERHAEREN

Les Ailes rouges de la guerre.

POÈMES D'ÉMILE VERHAEREN

Le Cri. Mlle Guintini. — Un Lambeau de Patrie. Le Chant des alliés. Mme Colonna Romano. — La Patrie aux Soldats morts. Mme L. Silvain.

Riquet à la houppe.

(Soirée.) — Blanchette. — Boubouroche.

8 — *(Relâche.)*

9 — La Marche nuptiale.

10 — *(Matinée.)* — Les Caprices de Marianne. — On ne badine pas avec l'amour.

(Soirée.) — Le Duel.

11 — *106e Anniversaire de la naissance d'Alfred de Musset.* — A quoi rêvent les jeunes filles (1). — La Nuit d'Octobre. — Le Chandelier.

12 — Bajazet. — Les Nouveaux pauvres.

13 — Primerose.

14 — *(Matinée.)* — Cinna.

HOMMAGE A ÉMILE VERHAEREN

Les Ailes rouges de la guerre.

POÈMES D'ÉMILE VERHAEREN

Un Lambeau de Patrie. Le Chant des alliés. Mme Colonna Romano. — La Patrie aux Soldats morts. Mme L. Silvain.

Riquet à la houppe.

(Soirée.) — La Course du flambeau.

15 — *(Relâche.)*

16 — Le Bourgeois gentilhomme.

17 — *(Matinée.)* — Gringoire. — Bérénice. — Les Nouveaux pauvres.

(Soirée.) — Le Passant. — Le Monde où l'on s'ennuie.

18 — Le Marquis de Priola.

19 — Le Bourgeois gentilhomme.

(1) Fragments (voir note 1, page 30).

20 — La Marche nuptiale.

21 — *(Matinée.)*

POÉSIES

Le Vent de France. J. LAHOVARY. Mme Dux. — Tête d'Or (1). P. CLAUDEL. Mme Lara. — Aux Réfugiés. F. GREGH. Mlle Roch.

Le Bourgeois gentilhomme.

(Soirée.) — *277e Anniversaire de la naissance de Racine.* — Athalie.

22 — *(Relâche.)*

23 — Le Passe-montagne. — Le Chandelier.

24 — *(Matinée.)* — Le Dépit amoureux. — Athalie.

(Soirée.) — Le Bourgeois gentilhomme.

25 — *(Matinée.)* — Le Luthier de Crémone. — Le Monde où l'on s'ennuie.

(Soirée.) — Primerose.

26 — Le Bourgeois gentilhomme.

27 — Le Duel.

28 — *(Matinée.)*

POÉSIES

Le Vent de France. J. LAHOVARY. Mme Dux. — Aux Réfugiés. F. GREGH. Mlle Roch. — Tête d'Or (2). P. CLAUDEL. Mme Lara.

Le Bourgeois gentilhomme.

(Soirée.) — Le Demi-monde.

29 — *(Relâche.)*

30 — La Course du flambeau.

31 — *(Matinée.)* — Le Mariage de Hoche.

POÉSIES

a) Quand nous reverrons-nous? *b)* Le Ressuscité. *c)* Chant Britannique. SAINT-GEORGES DE BOUHÉLIER. Mlle Bartet.

Le Bourgeois gentilhomme.

(Soirée.) — La Marche nuptiale.

(1) Fragment de la partie II.
(2) Fragment de la partie II.

REPRÉSENTATIONS EN PROVINCE ET A L'ÉTRANGER

TABLE ALPHABÉTIQUE DES PIÈCES

Brebis de Panurge (les), comédie en un acte, en prose, par Meilhac et Lud. Halévy.

Britannicus, tragédie en cinq actes, en vers, par Racine.

Horace, tragédie en cinq actes, en vers, par P. Corneille.

Nuit d'Octobre (la), scène en vers, par de Musset.

Passant (le), comédie en un acte, en vers, par Coppée.

REPRÉSENTATIONS EN PROVINCE ET A L'ÉTRANGER

TABLE ALPHABÉTIQUE DES AUTEURS
ET DE LEURS PIÈCES
AVEC LE TOTAL DE CES REPRÉSENTATIONS PENDANT L'ANNÉE

COPPÉE (F.). — Le Passant, 5.
CORNEILLE (P.). — Horace, 5.
MEILHAC (H.) et LUD. HALÉVY. — Les Brebis de Panurge, 6.
MUSSET (A. DE). — La Nuit d'Octobre, 1.
RACINE (J.). — Britannicus, 1.

REPRÉSENTATIONS EN PROVINCE ET A L'ÉTRANGER

INTERPRÉTATIONS

DE TOUTES LES PIÈCES JOUÉES AU COURS DE CES REPRÉSENTATIONS PENDANT L'ANNÉE

Les Brebis de Panurge. — *Jacques Durand*, M. Mayer. — *Antoine*, M. Falconnier. — *Marthe Nervil*, Mlle Cerny. — *Gabrielle Darcey*, Mme Colonna Romano.

Britannicus. — *Burrhus*, M. Silvain. — *Narcisse*, M. Leitner. — *Néron*, M. de Max. — *Britannicus*, M. Gaillard. — *Agrippine*, Mme Weber. — *Junie*, Mme Colonna Romano. — *Albine*, Mme Garay-Myriel.

Horace. — *Le Vieil Horace*, M. Silvain. — *Curiace*, M. Albert-Lambert. — *Horace*, M. P. Mounet. — *Valère*, M. Leitner. — *Flavian*, M. Falconnier. — *Tulle*, MM. Ravet, Mayer (1). — *Camille*, Mme Weber. — *Julie*, Mme L. Silvain. — *Sabine*, Mlle Roch.

La Nuit d'Octobre. — *Le Poète*, M. Albert-Lambert. — *La Muse*, Mme Weber.

Le Passant. — *Silvia*, Mme Weber. — *Zanetto*, Mme Colonna Romano.

(1) M. Mayer a lu le rôle de Tulle.

REPRÉSENTATIONS EN PROVINCE ET A L'ÉTRANGER

TABLE ALPHABÉTIQUE DES ARTISTES

RÔLES JOUÉS PAR EUX POUR LA PREMIÈRE FOIS AU COURS DE CES REPRÉSENTATIONS

Mme COLONNA ROMANO. — *Le Passant* (Zanetto). 26 Avril, à Lyon.
M. LEITNER. — *Horace* (Valère). 1er Mai, à Berne.
M. MAYER. — *Horace* (Tulle) (1). 5 Mai, à Lausanne.
Mme L. SILVAIN. — *Horace* (Julie). 1er Mai, à Berne.

(1) Ce rôle a été lu par M. Mayer.

REPRÉSENTATIONS EN PROVINCE ET A L'ÉTRANGER

AVRIL

26 — (LYON. *Grand-Théâtre.*) — *(Soirée.)* — Britannicus. — Le Passant.

MAI

1er — (BERNE. *Stadttheater.*) — *(Soirée.)* — Horace. — Le Passant. — Les Brebis de Panurge.

2 — (ZURICH. *Stadttheater.*) — *(Soirée.)* — Horace. — Le Passant. — Les Brebis de Panurge.

3 — (BALE. *Stadttheater.*) — *(Soirée.)* — Horace. — Le Passant. — Les Brebis de Panurge.

4 — (GENÈVE. *Grand-Théâtre.*) — *(Soirée.)* — Horace. — Le Passant. — Les Brebis de Panurge.

5 — (LAUSANNE. *Théâtre.*) — *(Matinée.)* — Horace. — Les Brebis de Panurge.

6 — (LEYSIN. *Grand-Hôtel.*) — *(Matinée privée sur invitations)* (1). — Poésies

(1) « La Comédie-Française n'a pas voulu quitter le territoire helvétique sans donner un témoignage de sympathie à ceux de nos soldats malades qui y sont soignés avec l'admirable dévouement qu'on sait, et elle est venue inopinément donner à Leysin une dernière représentation. Elle est arrivée samedi matin à 11 h. 45. L'agréable nouvelle s'étant rapidement répandue, une foule nombreuse était rassemblée devant la gare. Le major de Reynier et M. Gestin, président de la Société française de bienfaisance, attendaient sur le quai de la gare nos artistes pour leur souhaiter la bienvenue et les remercier de leur généreuse et touchante pensée.

« Un déjeuner avait été préparé à leur intention: outre l'administrateur M. Émile Fabre et les artistes de la Comédie, quelques intimes seulement y assistaient.

« Au dessert, le major de Reynier, qui assume avec la plus chaleureuse cordialité la direction du service médical des prisonniers français dans la région de Leysin, a exprimé en termes particulièrement heureux la gratitude émue des hôtes de Leysin.

« Merci du fond du cœur, a-t-il dit après s'être excusé, « de ne savoir parler qu'en « montagnard » : merci d'être venus après une longue semaine de fatigue et de souf- « france honorer Leysin de votre illustre comédie. La « Haute montagne », association « française de bienfaisance, et nous, les médecins, nous avons donné à nos soldats — « pardonnez-le-nous, mais nous les aimons tant qu'ils sont devenus un peu nôtres — « l'air pur, le repos du corps et de l'esprit, une nourriture appropriée à leur état et « une douce affection d'amis. Mais en entendant leur langue, en sentant tout près des « leurs des cœurs de frères, la séparation leur sera moins dure. Ils sentiront combien la dites par MM. Silvain, Albert-Lambert, Leitner; Mmes Weber, L. Silvain, Roch. — Les Brebis de Panurge. — La Nuit d'Octobre. — La Marseillaise, dite par Mmes Weber, L. Silvain, Roch, Colonna Romano.

« France entière s'associe à leur malheur. Ils puiseront dans vos paroles une nouvelle « volonté de guérir. Au nom de tous les malades, officiers, sous-officiers et soldats, au « nom de la population civile, au nom de mes camarades et de mes confrères, daignez, « messieurs, agréer l'hommage de notre profonde reconnaissance. »

« M. Émile Fabre a répondu au nom de la Comédie-Française que les soins attentifs donnés à nos soldats malades et la sollicitude dont ils sont l'objet pénètrent de reconnaissance tous les cœurs français.

« Les soldats, au nombre d'environ deux cents, que leur état de santé n'immobilisait pas dans leur lit, occupaient la plupart des places. Quelques-uns des principaux membres de la colonie française et de la colonie belge avaient été invités. L'administrateur de la Comédie-Française a tenu à saluer lui-même, au nom de la Maison de Molière, nos compatriotes de Leysin.

« O nos frères, a dit M. Émile Fabre, nous savons ce que vous avez souffert pour « nous; nous le voyons, soldats du droit et des libertés européennes! Nous savons quels « ont été vos travaux, vos combats, mais vos souffrances n'auront pas été vaines. Par « votre héroïsme, vous aurez sauvé la France et avec elle — qu'on le dise — l'humanité. « Le jour n'est pas loin où, sous nos yeux émerveillés et au milieu de nos acclamations, « vous descendrez victorieux la voie qui passe sous l'Arc de Triomphe.

« Le soir de ce beau jour de gloire, je vous invite par avance à venir entendre, au « Théâtre-Français, *Le Cid* ou bien *Horace*, et vous pourrez regarder en face les héros de « Corneille : ce sera comme si vous vous mettiez devant un miroir fidèle; il reflétera vos « traits. »

« Ce discours a été chaleureusement applaudi. »

(Mathias Morhardt, *Le Temps*, 8 Mai 1916.)

TABLE ALPHABÉTIQUE GÉNÉRALE

DE TOUTES LES PIÈCES REPRÉSENTÉES DEPUIS 1901

LES PREMIÈRES REPRÉSENTATIONS SONT INDIQUÉES EN CARACTÈRES ITALIQUES

Le chiffre entre parenthèses indique l'année où la pièce a été jouée seulement aux représentations données en province et à l'étranger.

A Corneille. 1913.
A la gloire de Molière. 1915.
A Molière. 1908.
A Molière. 1910.
A quoi rêvent les jeunes filles. 1905, 10, 16.
A Racine. 1910.
A Racine. 1914.
Adrienne Lecouvreur. 1901, 10.
Affaires sont les affaires (les). 1903, 04, 05, 06, 07, 08, 09, 10, 11, 12, 13, 14, 16.
Agnès mariée. 1908.
Alkestis. 1901, 12.
Ame des héros (l'). 1907.
Ames en peine (les). 1903.
Ami des femmes (l'). 1901, 04, 16.
Ami Fritz (l'). 1901, 02, 03, 04, 10, 11, 13, 14, 15, 16.
Amis (les). 1909.
Amiral (l'). 1901, 08, 12, 13, 14.
Amour veille (l'). 1907, 08, 09, 10.
Amoureuse. 1908, 09.
Amoureuse amitié. 1901.
Amphitryon. 1905, 10, 11, 14, 15.
Andromaque. 1901, 02, 03, 04, 05, 06, 07, 08, 09, 10, 11, 12, 13, 14, 15, 16.
Anglais (l'). 1901, 05.
Anglais tel qu'on le parle (l'). 1907, 08, 09, 10, 11, 12, 13, 14, 15, 16.
Antigone. 1909, 11, (14).
Antony. 1912, 13.
Apothéose de Musset (l'). 1906, 10.
Après moi. 1911.
Arlequin poli par l'amour. 1908, 09, 10, 11.
Armide. 1910.
Athalie. 1909, 10, 12, 13, 16.
Au foyer de la Comédie (1730). 1910.
Au palais cardinal. 1908.
Au printemps. 1903, 04, 05, 06.
Augusta (l'). 1916.
Autographe (l'). 1902, 03, 05, 06.
Autre (l'). 1907, 08.
Autre danger (l'). 1902, 03, 04, 08.
Autre motif (l'). 1902, 03.
Avare (l'). 1901, 02, 03, 04, 05, 06, 07, 08, 09, 10, 11, 12, 16.
Aventurière (l'). 1901, 02, 03, 04, 05, 06, 10, 11, 12, 13, 14, 15, 16.
Aymerillot. 1909, 10.
Bagatelle. 1912, 13.
Baiser (le). 1901, 02, 08, 09, 10, 11, 12, 13, 14, 15, 16.
Baiser de Phèdre (le). 1905, 06, 07.
Bajazet. 1905, 09, 16.
Barbier de Séville (le). 1901, 03, 04, 05, 06, 07, 08, 09, 10, 11, 12, 13, 14, 15, 16.
Baron d'Albikrac (le). 1915.
Bataille de dames. 1901, 02, 03, 04, 05, 06, 07, 08, 09, 10, 11, 13.
Belle Saïnara (la). 1908, 09.
Bérénice. 1901, 03, 06, 07, 08, 09, 10, 11, 12, 13, 14, 15, 16.
Bergers de Théocrite (les). 1910.
Blanchette. 1903, 04, 05, 06, 07, 12, 15, 16.
Bon roi Dagobert (le). 1908, 09, 12, 13.
Bonheur qui passe (le). 1901, 02, 03, 04, 05, 06, 07, 08, 11, 12.
Bonhomme Jadis (le). 1901, 02, 03, 04, 05, 06, 08, 09, 10, 11, 12, 13, 16.
Bonne mère (la). 1910, 15, 16.
Boubouroche. 1910, 13, 14, 16.
Bouquet féminin (Hommage à Racine). 1907.

Bourgeois gentilhomme (le). 1903, 06, 16.
Brebis perdue (la). 1911, 12.
Brebis de Panurge (les). 1909, 10, 16.
Britannicus. 1902, 04, 08, 12, 13, 15, 16.
Burgraves (les). 1902, 03, 04, 05, 06, 10, 11, 13.
Cabotins! 1901.
Cantate aux morts. 1916.
Caprice (un). 1904, 10, 11, 13, 14, 15, 16.
Caprices de Marianne (les). 1906, 07, 10, 16.
Cas de conscience (un). 1910, 11.
Cérémonie (la). 1901, 02, 03, 04, 05, 06, 07, 12, 13.
Chacun sa vie. 1907, 08, 10, 12.
Chaîne (une). 1915, 16.
Champmeslé au camp (la). 1908, 09.
Chance de Françoise (la). 1902, 06, 07, 08.
Chandelier (le). 1916.
Chant du départ (le). 1901, 07, 14, 15, 16.
Charlotte Corday. 1915.
Cher maître. 1911, 12.
Chevalerie. 1915.
Chez l'avocat. 1905, 06, 07, 09, 10, 11, 12, 13.
Cid (le). 1901, 02, 03, 04, 05, 06, 07, 08, 09, 10, 11, 12, 13, 14, 15, 16.
Cigale chez les fourmis (la). 1901, 04, 05.
Cinna. 1901, 06, 11, 14, 16.
Claudie. 1904, 05.
Cloches de Port-Royal (les). 1911, 12.
Cœur a ses raisons... (le). 1904, 05, 06, 07, 13.
Colette Baudoche. 1915, 16.
Comédiante. 1912, 13.
Comédien de Corneille (le). 1910.
Comme ils sont tous. 1910.
Compliment. 1905.
Comtesse d'Escarbagnas (la). 1910, 11, 14, 15.
Connais-toi. 1909, 10.
Conscience de l'enfant (la). 1902.
Conversion d'Alceste (la). 1905, 06, 07, 11, 12.
Corneille. Voir : Sur Corneille.
Corneille et Lulli. 1903.
Corneille et Richelieu. 1906, 07, 13, 14, 15, 16.
Coupe enchantée (la). 1901, 02, 13.
Couronne de Racine (la). 1901.
Couronnement (le). 1902, 03, 04, 05, 06, 07, 08, 09, 10, 11, 12, 13, 14, 15.
Course du flambeau (la). 1916.
Courtisane (la). 1906.
Crispin médecin. 1903.
Critique de l'École des femmes (la). 1903.
Dans l'idéal pays... 1901.
Dédale (le). 1903, 04, 06, 15, 16.
Demi-monde (le). 1901, 04, 05, 06, 07, 08, 09, 10, 11, 13, 14, 15, 16.
Démocrite. 1916.
Demoiselles de Saint-Cyr (les). 1902, 03, 04, 07, 11, 12, 13, (14), 15.
Denise. 1901, 02, 03, 04, 05, 07, 09, 10, 11, 12, 13, 14.
Dépit amoureux (le). 1901, 02, 03, 04, 05, 06, 07, 08, 09, 10, 11, 12, 13, 14, 15, 16.
Député de Bombignac (le). 1901, 02, 07, 11, 12, 13, 14.
Dernier madrigal (le). 1901, 02, 03, 06.
Dernière idole (la). 1904, 05.
Deux couverts. 1914.
Deux gloires (les). 1916.
Deux hommes (les). 1908.
Deux ménages (les). 1910.
Diane de Lys. 1901.
Dieu Terme (le). 1907.
Dîner de Pierrot (le). 1901, 02.
Disputes de la Saint-Jean (les). 1916.
Don Juan. 1911.
Don Quichotte. 1905, 06.
Duel (le). 1905, 06, 07, 08, 09, 10, 15, 16.
Dupont et Durand. 1904.
École des femmes (l'). 1901, 02, 03, 04, 05, 06, 07, 08, 11, 12, 14.
École des maris (l'). 1902, 03, 04, 05, 06, 11, 12, 15, 16.
Écran brisé (l'). 1908, 09, 12.
Effrontés (les). 1901, 02, 04, 06.
Électre. 1907, 08, 09, 10, 11, 13, 14, 16.
Embuscade (l'). 1913.
En visite. 1905, 06, 07, 12, 14, (15).
Énigme (l'). 1901, 02, 03, 04, 06, 07, 08, 14, 15, 16.
Envolée (l'). 1914.
Épître à Racine. 1914.
Épreuve (l'). 1901.
Érinnyes (les). 1910, 11.
Essayeuse (l'). 1914.
Été de la Saint-Martin (l'). 1901, 02, 10, 13, 14, 16.
Étincelle (l'). 1901, 03, 04, 05, 06, 07, 08, 09, 10, 11, 13, 14, 16.
Étourdi (l'). 1904, 05, 06, 07, 08, 09, 14, 16.
Étrangère (l'). 1901, 04, 05.
Fâcheux (les). 1911.
Fais ce que dois. 1915.
Fausses confidences (les). 1909, 10, 11, 12, 13, 14.
Faute de s'entendre. 1901, 02.
Faute d'un autre (la). 1911.
Femme de Tabarin (la). 1903, 06, 07.
Femmes savantes (les). 1901, 02, 03, 04, 05, 06, 07, 08, 09, 10, 11, 12, 13, 14, 15, 16.
Figurante (la). 1916.

Fille de Roland (la). 1903, 04, 09, 10, 13, 14, 15, 16.
Filles de Corneille (les). 1902.
Fils de Giboyer (le). 1905, 06.
Fils naturel (le). 1901, 02, 03, 05, 06.
Fleur merveilleuse (la). 1910, 11, 12, 13, 14.
Fleurs d'avril. 1907, 08, 10.
Flibustier (le). 1901, 02, 03, 04, 05, 06, 08, 09, 11, 12, 15, 16.
Folies amoureuses (les). 1901, 02, 03, 05, 06, 07, 08, 09, 10, 11, 12, 13, 14.
Fontaine de Jouvence (la). 1906, 07, 08, 12, 13, 14, 16.
Fourberies de Scapin (les). 1901, 02, 04, 05, 06, 07, 08, 09, 10, 11, 12, 13, 16.
Foyer (le). 1908, 09.
France à Corneille (la). 1906.
Francillon. 1901, 06, 07.
François le Champi. 1901, 02, 03.
Frêle et forte. 1902.
Frère aîné (le). 1901.
Fresnay (les). 1907, 08, 09, 10, 12, 13, 14.
Frondeuse chez Corneille (une). 1913.
Froufrou. 1901.
Furie (la). 1909.
Gendre de M. Poirier (le). 1901, 02, 03, 04, 05, 06, 07, 08, 09, 13, 14, 15, 16.
George Dandin, ou le Mari confondu. 1916.
Georgette Lemeunier. 1914.
Gertrude. 1902, 03.
Goulatromba. 1909.
Goût du vice (le). 1911, 14.
Grammaire (la). 1902.
Grève des forgerons (la). 1908, 09, 10, 11, 12, 13.
Gribouille. 1911, 12.
Gringoire. 1901, 02, 03, 04, 05, 06, 07, 08, 09, 10, 11, 12, 13, 14, 15, 16.
Hamlet. 1904, 09, 10, 11, 16.
Hernani. 1901, 02, 03, 04, 05, 06, 07, 08, 09, 10, 11, 12, 13, 14, (15).
Histoire du vieux temps. 1901.
Honnêtes femmes (les). 1916.
Honneur et l'argent (l'). 1909, 10, 13.
Horace. 1901, 02, 03, 04, 05, 06, 07, 08, 09, 10, 11, 12, 13, 14, 15, 16.
Horace et Lydie. 1901, 02, 03, 04, 05, 06, 08, 09, 12, 16.
Humble offrande (l'). 1916.
Hyacinthe, ou la Fille de l'apothicaire. 1905.
Idéal et le réel (l'). 1909.
Idylle. 1905.
Il était une bergère... 1905, 06, 07, 08, 09, 10, 11, 12, 13, 14, 16.
Il faut qu'une porte soit ouverte ou fermée. 1910, 11, 12, 13, 14, 15.
Il ne faut jurer de rien. 1901, 02, 03, 04, 05, 06, 07, 08, 09, 10, 11, 12, 13, 14, 15, 16.
Illusion comique (l'). 1906.
Imprévu (l'). 1910.
Impromptu du barbier (l'). 1907.
In memoriam. 1916.
Insinuation. 1909, 15.
Iphigénie. 1912.
Iphigénie en Aulide. 1904, 05, 11, 12.
Irrésolu (l'). 1903, 04, 05.
Jalousie du barbouillé (la). 1914.
Jardin de Molière (le). 1909.
Jean-Marie. 1903, 04, 05, 06, 07, 08, 15, 16.
Jeu de l'amour et du hasard (le). 1901, 02, 03, 04, 05, 06, 07, 08, 09, 10, 11, 12, 13, 14, 15, 16.
Jeune malade (le). 1909.
Joie fait peur (la). 1901, 02, 03, 04, 05, 06, 10, 11, 12, 13, 14.
Joueur (le). 1901, 03, 04, 11.
Jour de fête (un). 1911, 12, 13.
Klephte (le). 1901, 02, 10.
Larmes de Corneille (les). 1906, 11.
Larmes de Racine (les). 1909.
Légataire universel (le). 1905, 06, 07, 08, 09, 10, 11, 12, 13, 14.
Legs (le). 1904, 05, 07, 08, 14.
Limites du cœur (les). 1910, 11, 12, 14.
Loi de l'homme (la). 1904, 05, 12, 13.
Loisirs de Racine (les). 1913, 14.
Louis XI. 1902, 03, 04, 13.
Luthier de Crémone (le). 1901, 02, 06, 07, 08, 09, 10, 11, 12, 13, 14, 15, 16.
Macbeth. 1914, 16.
Mademoiselle de Belle-Isle. 1902, 03, (14), 15, 16.
Mademoiselle de la Seiglière. 1901, 02, 03, 04, 05, 06, 07, 08, 09, 11, 12, 13, 15, 16.
Maison d'argile (la). 1907, 09.
Maître Favilla. 1912, 13, 14.
Malade imaginaire (le). 1901, 02, 03, 04, 05, 06, 07, 08, 09, 10, 11, 12, 13, 14, 16.
Marche nuptiale (la). 1913, 14, 15, 16.
Mari de la veuve (le). 1902, 03, 04, 05.
Mariage d'Angélique (le). 1910.
Mariage de Figaro (le). 1902, 04, 09, 10, 11, 12, 13, 14, 15, 16.
Mariage de Hoche (le). 1916.
Mariage forcé (le). 1901, 02, 03, 04, 05, 06, 07, 08, 09, 10, 12, 14, 15, 16.
Mariage de Victorine (le). 1902, 09.
Marion de Lorme. 1907, 08, 09, 14, 15, 16.
Marionnettes (les). 1910, 11, 12, 13, 14.
Marquis de Priola (le). 1902, 03, 04, 05, 06, 07, 08, 09, 10, 11, 12, 16.

Marquis de Villemer (le). 1906, 07, 10, 11, 12, 13, 16.

Masque et le bandeau (le). 1909.

Médecin malgré lui (le). 1901, 02, 03, 04, 05, 06, 07, 08, 09, 10, 11, 12, 13, 14, 15, 16.

Médée. 1903, 04, 07, 08.

Mégère apprivoisée (la). 1916.

Mélicerte. 1911, 14.

Mémoire (le). 1902, 03.

Ménage de Molière (le). 1912.

Ménechmes (les). 1901, 02, 03, 07.

Menteur (le). 1901, 02, 04, 06, 07, 08, 09, 14, 16.

Mercure galant (le). 1901, 03, 05.

Mère confidente (la). 1907, 12.

1807. 1903, 04, 05, 06, 07, 08, 09, 10, 11, 12, 13, 14.

1000e du Cid (le). 1913.

Misanthrope (le). 1901, 02, 03, 04, 05, 06, 07, 08, 09, 10, 11, 12, 13, 15, 16.

Mithridate. 1902, 03, 08, 09, 12, 13, (14).

Modestie. 1909.

Molière. 1906.

Molière et sa servante. 1903.

Molière et Scaramouche. 1904, 05. Voir : Scaramouche.

Monde où l'on s'ennuie (le). 1901, 03, 04, 05, 06, 07, 08, 09, 10, 11, 12, 13, 14, 15, 16.

Monsieur Alphonse. 1907, 08, 09.

Monsieur de Pourceaugnac. 1901, 02, 05, 06, 08, 09, 10, 11, 12, 13, 14.

Monsieur Purgon. 1911.

Monsieur Scapin. 1901.

Mort de Pompée (la). 1906, 08.

Mouettes (les). 1906.

Naufrage, ou les Héritiers (le). 1915.

Neiges d'antan. 1911, 12, 13.

Nicomède. 1906, 07, 12, (14), 15, 16.

Notre jeunesse. 1904, 05, 07, 09.

Nouveaux pauvres (les). 1916.

Nouvelle idole (la). 1914, 15, 16.

Nuage (le). 1901, 02.

Nuit d'Août (la). 1910, 12, 13, (14), 16.

Nuit de Décembre (la). 1910, 11, 12, 13, 14.

Nuit de Mai (la). 1901, 04, 09, 10, 15, 16.

Nuit d'Octobre (la). 1901, 05, 06, 07, 09, 10, 11, 13, (14), 15, 16.

Œdipe roi. 1901, 02, 03, 04, 05, 06, 07, 08, 09, 10, 11, 12, 13, 14, 15.

Ombres (les). 1913.

On ne badine pas avec l'amour. 1901, 03, 06, 10, 11, 12, 13, (14), 16.

On n'oublie pas... 1904, 05.

Othello, le More de Venise. 1901, 02.

Ouvriers (les). 1902, 08, 15, 16.

Paix chez soi (la). 1906, 07, 08, 09, 10, 11, 12, 13, 16.

Paix du ménage (la). 1902.

Paon (le). 1904, 05, 07.

Paraître. 1906, 07.

Parasite (le). 1906.

Parisienne (la). 1909, 10, 11, 12, 13, 14.

Parisienne à Corneille (une) (1). 1906, 15.

Partie de piquet (la). 1901, 02.

Passant (le). 1907, 08, 09, 10, 11, 12, 13, 14, 15, 16.

Passé (le). 1902, 03.

Passe-montagne (le). 1916.

Patrie! 1901, 02, 15, 16.

Pédant joué (le). 1910.

Peintre exigeant (le). 1910.

Père Lebonnard (le). 1904, 05, 06, 07, 08, 09, 10, 11, 12, 16.

Petit hôtel (le). 1905, 06, 08, 09.

Petite amie (la). 1902.

Petits oiseaux (les). 1908.

Phèdre. 1901, 02, 03, 04, 05, 06, 07, 10, 11, 12, 13, 14, 15, 16.

Phéniciennes (les). 1905, 06, 15.

Philiberte. 1905, 06.

Philosophe sans le savoir (le). 1907.

Pierre Corneille (2). 1911.

Plaideurs (les). 1901, 02, 03, 04, 05, 06, 07, 08, 09, 10, 11, 13, 14, 15, 16.

Plaisir de rompre (le). 1902, 06, 07, 08, 09, 11, 12, 13, 16.

Plus faible (la). 1904, 05.

Poil de carotte. 1912, 13, 14, 16.

Poliche. 1906, 07, 11, 12, 13.

Polyeucte. 1901, 05, 06, 07, 08, 09, 10, 11, 12, 13, 14, 15, 16.

Polyphème. 1908, 09, 13, 16.

Pour l'anniversaire de Racine (3). 1906.

Pour et le contre (le). 1908, 09, 10, 13, 14.

Pour la couronne. 1915.

Précieuses ridicules (les). 1901, 02, 03, 04, 05, 06, 07, 09, 10, 11, 12, 13, 14, 15, 16.

Première Bérénice (la). 1915, 16.

Prétexte (le). 1906, 07.

Prière à Corneille. 1904.

Primerose. 1911, 12, 13, 14, 15, 16.

Prince charmant (le). 1914.

(1) C'est la même poésie que *Visite à Corneille.* (6 Juin 1886.)

(2) C'est la même poésie que *Le Soulier de Corneille.* (6 Juin 1888.)

(3) C'est la même poésie que *Stances à Racine.* (21 Décembre 1865.)

Princesse de Bagdad (la). 1906.
Princesse Georges (la). 1915, 16.
Prologue pour la réouverture de la Comédie-Française. 1901.
Psyché. 1906, 07, 09, 10, 12, 13, 15, 16.
Pygmalion. 1912.
Racine. 1914.
Racine chez Arnauld. 1904, 05, 07, 08.
Raison du moins fort (la). 1907.
Rantzau (les). 1903, 16.
Regnard chez lui. 1909.
Reine Juana (la). 1901, 02, 09.
Remerciement. 1906.
Remerciement au roi. 1912.
Rencontre (la). 1909, 10.
Renoncement (le). 1903, 04, 05.
Respect de l'amour (le). 1911, 12.
Revanche d'Iris (la). 1901, 02, 03, 04, 05, 06, 16.
Revanche de Thomas Diafoirus (la). 1902.
Réveil (le). 1905, 06, 07.
Révolte (la). 1914.
Rez-de-chaussée (le). 1901, 02, 03, 06, 07, 08, 09.
Riquet à la houppe. 1913, 16.
Rivale (la). 1907, 08, 09.
Robe rouge (la). 1909, 10.
Rodogune. 1902, 03, 06.
Roi (le). 1901, 02.
Roi s'amuse (le). 1911, 12.
Romanesques (les). 1901, 02, 03, 04, 05, 06, 08, 09, 10, 11, 12, 13.
Rome vaincue. 1902, 06, 12, 13.
Rue Saint-Thomas-du-Louvre. 1905, 06.
Ruy Blas. 1901, 02, 03, 04, 05, 06, 07, 08, 09, 10, 11, 12, 13, 14, 15, 16.
Sacrifice (le). 1912, 13.
Salut à Corneille. 1906.
Salut au public. 1913.
Sans lui. 1903, 04, 05, 06, 08, 09.
Sapho. 1912, 13.
Scaramouche (1). 1908, 09, 10.
Shakespeare chez Molière. 1916.
Shakespeare et Cervantès. 1916.
Shylock, ou le Marchand de Venise. 1905, 06, 16.
Simone. 1908, 09.
Sire. 1909, 10.
Socrate et sa femme. 1915.
Songe d'un soir d'amour (le). 1910, 11, 13.
Sophonisbe. 1913.
Soubrette de Molière (la). 1916.
Soulier de Corneille (le). Voir : Pierre Corneille.
Stances à Corneille. 1906.
Stances à Molière. 1911.
Stances à Racine. Voir : Pour l'anniversaire de Racine.
Stradivarius (le). 1909, 10, 13, 16.
Sur Corneille (2). 1915.
Surprise de l'amour (la). 1911, 12.
Tartuffe. 1901, 02, 03, 04, 05, 06, 07, 08, 09, 10, 11, 12, 13, 14, 15, 16.
Tenailles (les). 1901, 02, 09, 10, 11, 12, 13, 14, 15, 16.
Testament de César Girodot (le). 1902, 03, 04, 06, 09, 10.
Tour de Ninon (un). 1906, 07.
Tricorne enchanté (le). 1902, 03.
Trilby. 1904, 05, 06, 07.
Triomphe héroïque. 1906.
Trois Dumas (les). 1902, 06.
Trois sonnets (les). 1909.
Trois sultanes (les). 1908.
Veille du bonheur (la). 1909, 10, 11, 13.
Veillée des armes (la). 1915, 16.
Venise. 1913, 14, 16.
Vers l'aube de Corneille. 1906.
Victoires (les). 1906, 07.
Vie de Bohème (la). 1901, 05.
Village (le). 1901, 02.
Vincenette. 1907, 08, 09.
Visite à Corneille. Voir : Parisienne à Corneille (une).
Visite de noces (une). 1902, 04, 06, 07, 09, 15.
Voix de Corneille (la). 1912, 14.
Vouloir. 1913, 14.
Voyage de M. Perrichon (le). 1906, 07, 09, 10, 11, 12, 13, 14, 15, 16.
Vraie farce de maître Pathelin (la). 1904, 05, 06, 07, 15.
Yonic. 1913.
Zaïre. 1915.

(1) C'est la même pièce que *Molière et Scaramouche*.
(2) C'est la même poésie que *Corneille*. (6 Juin 1872.)

TABLE ALPHABÉTIQUE GÉNÉRALE

DES AUTEURS ET DE LEURS PIÈCES
1901-1916

ADAM (P.)
Les Mouettes.

ADERER (A.)
Le Mariage de Hoche.

ADERER (A.) et A. EPHRAÏM
Comme ils sont tous. — 1807.

AICARD (J.)
Othello, le More de Venise. — Le Père Lebonnard. — Shakespeare chez Molière.

ALLOU (M.)
Agnès mariée. — Les Ombres.

ARNYVELDE (A.)
La Courtisane.

ARTOIS (A. D')
Les Bergers de Théocrite.

AUGIER (E.)
L'Aventurière. — Les Effrontés. — Le Fils de Giboyer. — Philiberte.

AUGIER (E.) et J. SANDEAU
Le Gendre de M. Poirier.

AVÈZE (A.)
Voir : SOUCHON (P.).

BALLOT (M.)
Voir : JANVIER DE LA MOTTE (A.).

BANVILLE (T. DE)
A la gloire de Molière. — Le Baiser. — Gringoire. — Riquet à la houppe. — Socrate et sa femme.

BAR (G. DE)
Voir : BERTRAND (A.).

BARBIER (P.)
Vincenette.

BARRIÈRE (T.) et H. MURGER
La Vie de Bohême.

BASSET (S.)
Racine chez Arnauld. — Voir : BOURGET (P.).

BATAILLE (H.)
La Marche nuptiale. — Poliche. — Le Songe d'un soir d'amour.

BEAUMARCHAIS (P.-A. DE)
Le Barbier de Séville. — Le Mariage de Figaro.

BEAUNIER (A.)
Les Limites du cœur.

BECQUE (H.)
Les Honnêtes femmes. — La Parisienne.

BÉDIER (J.)
Chevalerie.

BELOT (A.) et E. VILLETARD
Le Testament de César Girodot.

BELOT (A.)
Voir : DAUDET (A.).

BERGERAT (E.)
La Fontaine de Jouvence.

BERNARD (T.)
L'Anglais tel qu'on le parle. — Le Peintre exigeant. — Le Prince charmant.

BERNSTEIN (H.)

Après moi.

BERR (G.)

L'Irrésolu.

BERR (G.) et J. TRUFFIER

Les Disputes de la Saint-Jean.

BERR DE TURIQUE (J.)

Le Rez-de-chaussée.

BERTON (P.)

La Rencontre.

BERTRAND (A.) et G. DE BAR

La Première Bérénice.

BILHAUD (P.) et M. CARRÉ

L'Ame des héros.

BISSON (A.)

Le Député de Bombignac.

BLÉMONT (E.)

Une Parisienne à Corneille (1). — La Soubrette de Molière. — Visite à Corneille. Voir : Une Parisienne à Corneille. — Voir : VALADE (L.).

BOILEAU-DESPRÉAUX (N.)

Épître à Racine.

BOIS (J.)

La Furie.

BORDEAUX (H.)

L'Écran brisé.

BORNIER (H. DE)

A Molière. — La Fille de Roland. — Pour l'anniversaire de Racine (2). — Stances à Racine. Voir : Pour l'anniversaire de Racine. — Les Trois Dumas.

BOUCHINET (A.)

Gertrude.

BOURGEOIS (A.)

Voir : DUMAS (AL.).

BOURGET (P.) et S. BASSET

Un Cas de conscience.

BOURSAULT (E.)

Le Mercure galant.

BOYER (P.)

Molière.

BRIEUX (E.)

Blanchette. — La Petite amie. — La Robe rouge. — Simone.

BUYSIEULX (G. DE)

Voir : NION (F. DE.)

CAILLAVET (G.-A. DE) et R. DE FLERS

L'Amour veille. — Primerose.

CAILLAVET (G.-A. DE)

Voir : FLERS (R. DE.)

CAPUS (A.)

Les Deux hommes. — Notre jeunesse.

CARRÉ (M.)

Voir : BILHAUD (P.).

CHAMPMESLÉ (C. DE)

Voir : LA FONTAINE (J. DE).

CHATRIAN (A.)

Voir : ERCKMANN (E.).

CHÉNIER (A. DE)

Le Jeune malade.

CHÉNIER (M.-J. DE)

Le Chant du départ.

CLARETIE (J.)

Compliment. — Remerciement. — Salut à Corneille. — Salut au public.

CLARETIE (J.) et J. TRUFFIER

Au foyer de la Comédie (1730).

COPPÉE (F.)

Fais ce que dois. — La Grève des forgerons. — Le Luthier de Crémone. — Le Passant. — Pour la couronne.

CORNEILLE (P.)

Le Cid. — Cinna. — Horace. — L'Illusion comique. — Le Menteur. — La Mort de Pompée. — Nicomède. — Polyeucte. — Rodogune. — Voir : MOLIÈRE (J.-B.).

CORNEILLE (T.)

Le Baron d'Albikrac.

(1) C'est la même poésie que *Visite à Corneille*. (6 Juin 1886.)
(2) C'est la même poésie que *Stances à Racine*. (21 Décembre 1865.)

COURTELINE (G.)

Boubouroche. — La Conversion d'Alceste. — La Paix chez soi.

CROISSET (F. DE)

Le Paon.

CROZE (J.-L.)

Bouquet féminin (Hommage à Racine).

CUREL (F. DE)

La Figurante. — La Nouvelle idole.

CYRANO DE BERGERAC (S. DE)

Le Pédant joué.

DAUDET (A.) et A. BELOT

Sapho.

DAUDET (A.) et ER. MANUEL

Le Frère aîné.

DAUDET (A.)

Voir : QUATRELLES (E. L'ÉPINE).

DELACOUR (A.-C.)

Voir : LABICHE (E.).

DELAIR (P.)

La Mégère apprivoisée.

DELARD (E.)

Voir : KISTEMAECKERS (H.).

DELAVIGNE (C.)

Louis XI.

DÉROULÈDE (P.)

Corneille. Voir : Sur Corneille. — Sur Corneille (1).

DESTREM (J.)

La Faute d'un autre.

DEVORE (G.)

La Conscience de l'enfant. — L'Envolée.

DOCQUOIS (G.)

Le Renoncement. — Rue Saint-Thomas-du-Louvre. — Un Tour de Ninon.

DONNAY (M.)

L'Autre danger. — Georgette Lemeunier. — Le Ménage de Molière. — Paraître.

DORTZAL (Mme J.)

Les Cloches de Port-Royal.

DREYFUS (A.)

Les Amis. — Le Klephte.

DUMAS (AL.)

Antony. — Les Demoiselles de Saint-Cyr. — Mademoiselle de Belle-Isle.

DUMAS (AL.), J.-L.-M.-E. DURIEU et A. BOURGEOIS

Le Mari de la veuve.

DUMAS (AL.) et P. MEURICE

Hamlet.

DUMAS fils (A.)

L'Ami des femmes. — Le Demi-monde. — Denise. — Diane de Lys. — L'Étrangère. — Le Fils naturel. — Francillon. — Monsieur Alphonse. — La Princesse de Bagdad. — La Princesse Georges. — Une Visite de noces.

DURIEU (J.-L.-M.-E.)

Voir : DUMAS (AL.).

DUVAL (A.-V.)

Le Naufrage, ou les Héritiers.

DUVEYRIER (C.)

Faute de s'entendre.

EPHRAÏM (A.)

Voir : ADERER (A.).

ERCKMANN (E.) et A. CHATRIAN

L'Ami Fritz. — Les Rantzau.

ESSARTS (E.-A. DES)

La France à Corneille.

FABRE (E.)

La Maison d'argile.

FAUCHOIS (R.)

L'Augusta. — La Veillée des armes.

FAURE (G.)

Un Jour de fête.

(1) C'est la même poésie que *Corneille*. (6 Juin 1872.)

Favart (C.-S.)
Les Trois sultanes.

Ferrier (P.)
Chez l'avocat. — La Revanche d'Iris.

Ferrier (P.) et Mlle J.-P. Ferrier
Yvonic.

Ferrier (Mlle J.-P.)
Voir : Ferrier (P.).

Feuillet (O.)
Le Pour et le contre. — Le Village.

Flament (A.)
Le Masque et le bandeau.

Flers (R. de) et G.-A. de Caillavet
Le Cœur a ses raisons... — Venise.

Flers (R. de)
Voir : Caillavet (G.-A. de).

Florian (J.-P. de)
La Bonne mère.

Fonson (J.-F.)
Les Nouveaux pauvres.

Fournier (E.)
La Vraie farce de maître Pathelin.

Fournier (N.) et H. Meyer
La Partie de piquet.

Francklin (E.)
Les Victoires.

Frondaie (P.)
Colette Baudoche.

Fulgence (J.-D.)
Voir : Picard (L.-B.).

Gautier (T.)
Pierre Corneille (1). — Le Soulier de Corneille. Voir : Pierre Corneille.

Gautier (T.) et P. Siraudin
Le Tricorne enchanté.

Germain (A.)
Le Bonheur qui passe.

Gheusi (P.-B.)
Voir : Guiches (G.).

Gheusi (P.-B.)
Voir : Lomon (C.).

Gille (V.)
Le Sacrifice.

Girardin (Mme E. de)
La Joie fait peur.

Girette (M.)
Le Passe-montagne. — Sans lui.

Gourcuff (O. de)
Les Filles de Corneille.

Grangeneuve (E.)
A Racine.

Gravollet (P.)
Voir : Leloir (L.).

Gregh (F.)
In memoriam.

Gruyer (P.)
Dans l'idéal pays... — Hyacinthe, ou la Fille de l'apothicaire.

Guiches (G.)
Le Nuage. — Vouloir.

Guiches (G.) et P.-B. Gheusi
Chacun sa vie.

Guitry (S.)
Deux couverts.

Halévy (Lud.)
Voir : Meilhac (H.).

Haraucourt (E.)
Shakespeare et Cervantès.

Hauteroche (N. de)
Crispin médecin.

Hervieu (P.)
Bagatelle. — Connais-toi. — La Course du flambeau. — Le Dédale. — L'Énigme. — La Loi de l'homme. — Modestie. — Le Réveil. — Les Tenailles.

(1) C'est la même poésie que *Le Soulier de Corneille*. (6 Juin 1888.)

HERVILLY (E. D')

La Belle Saïnara.

HOUDAILLE (O.)

Vers l'aube de Corneille.

HUGO (V.)

Aymerillot. — Les Burgraves. — Le Couronnement. — Goulatromba. — Hernani. — L'Idéal et le réel. — Insinuation. — Marion de Lorme. — Le Roi s'amuse. — Ruy Blas.

JANVIER DE LA MOTTE (A.) et M. BALLOT

Les Ames en peine.

JOLLY (A.)

Voir : LABICHE (E.).

JOUIN (H.)

Corneille et Lulli.

KISTEMAECKERS (H.)

L'Embuscade.

KISTEMAECKERS (H.) et E. DELARD

La Rivale.

LABICHE (E.) et A.-C. DELACOUR

Les Petits oiseaux.

LABICHE (E.) et A. JOLLY

La Grammaire.

LABICHE (E.) et E. MARTIN

Le Voyage de M. Perrichon.

LABICHE (E.)

Voir : LEGOUVÉ (E.).

LACROIX (J.)

Œdipe roi.

LA FONTAINE (J. DE) et C. DE CHAMPMESLÉ

La Coupe enchantée.

LALUYÉ (L.)

Au printemps.

LAMBERT (A.)

Le Comédien de Corneille.

LAROZE (L.)

Le Respect de l'amour.

LAVEDAN (H.)

Le Duel. — En visite. — Le Goût du vice. — Le Marquis de Priola. — Sire.

LAVIGERIE (L.)

Prière à Corneille.

LECONTE DE LISLE (C.-M.)

Les Érinnyes.

LEFEBVRE-HENRI

La Revanche de Thomas Diafoirus.

LEGOUVÉ (E.) et E. LABICHE

La Cigale chez les fourmis.

LEGOUVÉ (E.)

Voir : SCRIBE (A.-E.).

LE LASSEUR (L.)

Les Larmes de Corneille.

LELOIR (L.) et P. GRAVOLLET

Molière et Scaramouche. — Scaramouche (1).

LEMAÎTRE (J.)

Racine.

LEVAILLANT (M.)

La Voix de Corneille.

LOMON (C.) et P.-B. GHEUSI

Trilby.

MAGRE (M.)

Comediante.

MANUEL (E.)

Les Ouvriers.

MANUEL (ER.)

Voir : DAUDET (A.).

MARGUERITTE (P. et V.)

L'Autre.

MARGUERITTE (V.)

L'Imprévu. — Voir : MARGUERITTE (P. et V.)

MARIVAUX (P. DE)

Arlequin poli par l'amour. — L'Épreuve. — Les Fausses confidences. — Le Jeu de l'amour et du hasard. — Le Legs. — La Mère confidente. — La Surprise de l'amour.

(1) C'est la même pièce que *Molière et Scaramouche*.

MARSOLLEAU (L.)

Le Dernier madrigal.

MARTEL (T.)

Au palais cardinal.

MARTHOLD (J. DE)

A Racine. — Neiges d'antan.

MARTIN (E.)

Voir : LABICHE (E.).

MAUPASSANT (G. DE)

Histoire du vieux temps. — La Paix du ménage.

MAUREY (M.)

Le Stradivarius.

MEILHAC (H.)

L'Autographe.

MEILHAC (H.) et LUD. HALÉVY

Les Brebis de Panurge. — L'Été de la Saint-Martin. — Froufrou. — Le Petit hôtel.

MENDÈS (C.)

La Femme de Tabarin. — Médée.

MEURICE (P.) et A. VACQUERIE.

Antigone.

MEURICE (P.)

Voir : DUMAS (AL.).

MEYER (H.)

Voir : FOURNIER (N.).

MILLANVOYE (B.)

Le Dîner de Pierrot.

MILLOT (M.)

Molière et sa servante. — Les Trois sonnets.

MIRBEAU (O.)

Les Affaires sont les affaires.

MIRBEAU (O.) et T. NATANSON.

Le Foyer.

MOLIÈRE (J.-B.)

Amphitryon. — L'Avare. — Le Bourgeois gentilhomme. — La Cérémonie. — La Comtesse d'Escarbagnas. — La Critique de l'École des femmes. — Le Dépit amoureux. — Don Juan. — L'École des femmes. — L'École des maris. — L'Étourdi. — Les Fâcheux. — Les Femmes savantes. — Les Fourberies de Scapin. — George Dandin, ou le Mari confondu. — La Jalousie du barbouillé. — Le Malade imaginaire. — Le Mariage forcé. — Le Médecin malgré lui. — Mélicerte. — Le Misanthrope. — Monsieur de Pourceaugnac. — Les Précieuses ridicules. — Remerciement au roi. — Tartuffe.

MOLIÈRE (J.-B.), P. CORNEILLE et P. QUINAULT.

Psyché.

MONTOYA (G.)

Le Baiser de Phèdre. — Les Loisirs de Racine. — Monsieur Purgon.

MORÉAS (J.)

Iphigénie.

MOREAU (E.)

Corneille et Richelieu.

MURGER (H.)

Le Bonhomme Jadis. — Voir : BARRIÈRE (T.).

MUSSET (A. DE)

A quoi rêvent les jeunes filles. — Un Caprice. — Les Caprices de Marianne. — Le Chandelier. — Dupont et Durand. — Idylle. — Il faut qu'une porte soit ouverte ou fermée. — Il ne faut jurer de rien. — La Nuit d'Août. — La Nuit de Décembre. — La Nuit de Mai. — La Nuit d'Octobre. — On ne badine pas avec l'amour.

NATANSON (T.)

Voir : MIRBEAU (O.).

NIGOND (G.)

Le Dieu Terme.

NION (F. DE) et G. DE BUYSIEULX

La Veille du bonheur.

NORMAND (J.)

L'Amiral. — On n'oublie pas...

OLIVAINT (M.)

L'Apothéose de Musset. — La Champmeslé au camp. — Une Frondeuse chez Corneille.

Pailleron (E.)

L'Autre motif. — Cabotins! — L'Étincelle. — Le Monde où l'on s'ennuie. — Le Parasite.

Parodi (D.-A.)

La Reine Juana. — Rome vaincue.

Patrat (J.)

L'Anglais.

Perdriel-Vaissière (Mme J.)

La Couronne de Racine.

Picard (L.-B.), A.-J.-M. Wafflard et J.-D. Fulgence

Les Deux ménages.

Poizat (A.)

Électre. — Sophonisbe.

Ponsard (F.)

Charlotte Corday. — L'Honneur et l'argent. — Horace et Lydie. — Le Mariage d'Angélique.

Porto-Riche (G. de)

Amoureuse. — La Chance de Françoise. — Le Passé.

Prévost (M.)

La Plus faible.

Quatrelles [E. L'Épine] et A. Daudet

La Dernière idole.

Quinault (P.)

Armide. — Voir : Molière (J.-B.).

Racine (J.)

Andromaque. — Athalie. — Bajazet. — Bérénice. — Britannicus. — Iphigénie en Aulide. — Mithridate. — Phèdre. — Les Plaideurs.

Regnard (J.-F.)

Démocrite. — Les Folies amoureuses. — Le Joueur. — Le Légataire universel. — Les Ménechmes. — Regnard chez lui.

Renard (J.)

Le Plaisir de rompre. — Poil de carotte.

Riche (D.)

Le Prétexte.

Richepin (J.)

Don Quichotte. — Le Flibustier. — Macbeth. — Monsieur Scapin. — Prologue pour la réouverture de la Comédie-Française.

Rivoire (A.)

Le Bon roi Dagobert. — L'Humble offrande. — Il était une bergère... — La 1000e du Cid.

Rivollet (G.)

Alkestis. — Les Phéniciennes.

Rostand (E.)

Les Romanesques.

Rousseau (J.-J.)

Pygmalion.

Saint-Georges de Bouhélier

Cantate aux morts.

Sainte-Beuve (C.-A.)

Les Larmes de Racine.

Samain (A.)

Polyphème.

Sand (Mme G.)

Claudie. — François le Champi. — Maître Favilla. — Le Mariage de Victorine. — Le Marquis de Villemer.

Sandeau (J.)

Mademoiselle de la Seiglière. — Voir : Augier (E.).

Sardou (V.)

Patrie!

Schéfer (G.)

Le Roi.

Scribe (A.-E.)

Une Chaîne.

Scribe (A.-E.) et E. Legouvé

Adrienne Lecouvreur. — Bataille de dames.

Sedaine (M.-J.)

Le Philosophe sans le savoir.

Siraudin (P.)

Voir : Gautier (T.).

Souchon (P.) et A. Avèze
Gribouille.

Sully Prudhomme (R.-F.-A.)
Stances à Corneille.

Theuriet (A.)
Jean-Marie.

Trarieux (G.)
La Brebis perdue.

Trébor (R.)
L'Impromptu du barbier.

Truffier (J.)
A Corneille. — A Molière. — Stances à Molière. — Voir : Berr (G.). — Voir : Claretie (J.). — Voir : Vicaire (G.).

Vacquerie (A.)
Voir : Meurice (P.).

Valade (L.) et E. Blémont
La Raison du moins fort.

Vandérem (F.)
Cher maître. — Les Fresnay.

Vaucaire (M.)
Amoureuse amitié.

Veber (P.)
L'Essayeuse.

Veyrin (E.)
Frêle et forte.

Vicaire (G.) et J. Truffier
Fleurs d'avril.

Victor-Meunier (L.)
Le Mémoire.

Vigny (A. de)
Shylock, ou le Marchand de Venise.

Villetard (E.)
Voir : Belot (A.).

Villiers de l'Isle-Adam (A.)
La Révolte.

Voltaire (F.-M. de)
Zaïre.

Waffard (A.-J.-M.)
Voir : Picard (L.-B.).

Wolff (P.)
Les Deux gloires. — Les Marionnettes.

Yvan (A.)
Le Jardin de Molière.

Zamacoïs (M.)
La Fleur merveilleuse.

Zidler (G.)
Triomphe héroïque.

TABLE ALPHABÉTIQUE GÉNÉRALE

DES ARTISTES

1901-1916

Le chiffre en caractères gras, qui se trouve à la suite de certains noms, indique l'année où nous avons publié : soit la liste complète des rôles des sociétaires retraités, vivants en 1901 ; soit le répertoire des rôles joués par les sociétaires en activité, depuis leurs débuts jusqu'à fin 1900.

Les chiffres en caractères ordinaires renvoient à la *Table alphabétique des artistes. Roles joués par eux pour la première fois*. Comme nos lecteurs le savent, cette table figure dans chaque volume et donne, année par année, le travail des artistes depuis le 1er Janvier 1901.

Le chiffre entre parenthèses indique l'année où l'artiste a joué un rôle, pour la première fois, seulement aux représentations données en province et à l'étranger.

Albert-Lambert fils (R.) (1). 1901, 02, 03, **03**, 04, 05, 06, 07, 08, 09, 10, 12, 13, 14, 15, 16.

Alexandre (R.). 1908, 09, 10, 11, 12, 13, 14.

Allioux (M.). 1915, 16.

Amel (Mme L.). 1901, 03, 05, 08, 09, 10.

Baillet (G.). 1902, 03, **03**, 05.

Barral (T.). 1901, 02, 15, 16.

Barretta (Mme B.). 1901, **02.**

Bartet (Mlle J.). 1901, 02, 03, 04, **04**, 05, 07, 08, 09, 10, 11, 12, 13, 14, 16.

Bergé (Mlle F.). 1905, 06, 07, 08, 09, 10.

Bernard (L.). 1910, 11, 12, 13, 14, 15, 16.

Bernhardt (Mme Sarah). **1905.**

Berr (G.). 1902, 03, **03**, 04, 05, 06, 07, 08, 09, 10, 11, 13, 14, 15, 16.

Berteaux. 1909, 10, 11, 12, 13, 14.

Bertiny (Mme J.). 1901, 02, 03.

Boncza (Mlle W. de). 1901, 02.

Boucher (J.). **1902.**

Bovy (Mme B.). 1907, 08, 09, 10, 11, 12, 13, 14, 15, 16.

Boyer (Mlle R.). 1902, 03, 05, 08, 11, 12, 16.

Brandès (Mlle M.). 1901, 02, **03.**

Bretty (Mme B.). 1915, 16.

Broisat (Mme E.). **1905.**

Brunot (A.). 1903, 04, 05, 06, 07, 08, 09, 10, 11, 12, 13, 14.

Cerny (Mlle B.). 1906, 07, 08, 09, 10, 12, 13, 14, 15, 16.

Chaize. 1911, 12, 13, 14, 15, 16.

Chauveron (Mme A. de). 1911, 12, 13, 14, 15, 16.

Clary (Mlle F.). 1904, 05, 06, 07, 08, 09, 10.

Colonna Romano (Mme G.). 1913, 14, 15, 16.

Coquelin aîné (C.). **1904.**

Coquelin cadet (E.). 1901, 02, 03, **03**, 04, 06, 07.

Croizette (Mme S.). **1901.**

Croué (J.). 1901, 02, 03, 04, 05, 06, 07, 08, 09, 10, 11, 12, 13, 14, **14**, 15, 16.

Dalti (Mlle Mitzy-) (2). 1904, 05, 06, 07, 08, 09.

Damaury (Mme S.). 1915, 16.

Décard (P.). 1908, 09, 10, 11.

Dehelly (E.). 1901, 02, 03, **03**, 04, 05, 06, 07, 09, 10, 11, 12, 13, 14, 16.

Delaunay (L.). **1903.**

Delaunay fils (L.). 1901, 02, 03, 04, 05, **05**, 06, 07, 08, 09, 10, 11, 14, 15, 16.

Delvair (Mlle J.). 1901, 02, 03, 04, 05, 06, 07, 08, 09, 10, **10**, 11, 12, 13, 15, 16.

(1) De 1901 à 1907, voir : Lambert.

(2) En 1904, voir : Mitzy-Dalti.

Denis d'Inès (J.). 1914, 15, 16.
Després (Mme S.). 1902.
Dessonnes (M.). 1901, 02, 03, 04, 05, 06, 07, 08, 09, 10, **10**, 11, 12, 13, 14.
Devoyod (Mme S.). 1907, 08, 09, 11, 12, 13, 14, 15, 16.
Ducos (Mlle Y.). 1911, 12, 13, 14, 15, 16.
Dudlay (Mlle A.). 1902, 04, **04**, 06, 07.
Duflos (R.). 1901, 02, 03, **03**, 04, 05, 06, 07, 08, 09, 10, 13, 14, 15, 16.
Duflos (Mme H.). 1915, 16.
Dufresne (M.). 1911, 12, 13, 14, 16.
Duluc (Mme L.). 1912, 13, 14.
Du Minil (Mlle R.). 1901, 02, 03, 04, **04**, 06, 07, 08, 09, 10, 12, 13, 15.
Dussane (Mme B.). 1903, 04, 05, 06, 07, 08, 09, 10, 11, 12, 13, 14, 15, 16.
Dux (Mme E.). 1915, 16.
Esquier (C.). 1901, 02, 03, 04, 05, 06, 07, 09, 10.
Even (Mlle J.). 1911, 12, 13, 14, 15, 16.
Faber (Mlle J.). 1910, 11, 12, 13, 14, 15, 16.
Falconnier (P.). 1901, 02, 03, 04, 05, 06, 07, 08, 09, 10, 11, 12, 13, 14, 15, 16.
Fava (Mme J. de). 1903, 04.
Favart (Mlle M.). **1905.**
Faylis (Mlle). 1901, 02, 03, 04, 05, 06, 07, 08, 09, 10, 11.
Fayolle (Mlle M.). 1901, 03, 04, 05, 06, 07, 08, 10, 12.
Febvre (F.). **1904.**
Félix (Mlle D.). **1905.**
Fenoux (J.). 1901, 02, 03, 04, 05, 06, **06**, 07, 08, 09, 10, 11, 12, 13, 14, 15, 16.
Féraudy (M. de). 1901, 02, 03, **03**, 04, 06, 07, 08, 09, 10, 11, 13, 14, 15, 16.
Féraudy (J. de). 1907, 08, 09, 10, 11.
Fontaine (C.). 1913, 14.
Fouquier (Mme H.). 1901.
Fresnay (P.). 1915.
Gaillard (R.). 1916.
Garay (G.). 1907, 08, 09, 10, 11, 12, 13, 14, 15.
Garay-Myriel (Mme R.). 1915, 16.
Garrick (Mlle Y.). 1902, 03, 04, 05, 06.
Garry (C.). 1901, 02, 03, 04, 05, 14.
Gaudy. 1901, 02, 03, 05, 06, 07, 10.
Géniat (Mme M.). 1901, 02, 03, 04, 05, 06, 07, 08, 09, 10, **10**, 11, 12.
Gerbault (P.-F.). 1910, 11, 12, 13, 14.
Got (E.). **1901.**
Grand (G.). 1906, 07, 08, 09, 10, 11, 12, 13, 15, 16.
Granger (Mme P.). **1905.**
Granval (C. L.) (1). 1904, 05, 06, 07, 08, 09, 10, 11, 12, 13, 14.
Gribouval (C.-L.). Voir : Granval (C.-L.)
Guilhène (J.). 1908, 09, 10, 11, 12, 13, 14, 16.
Guintini (Mlle C.). 1915, 16.
Hamel (A.). 1901, 02, 03, 04, 05, 06, 07, 08, 09, 10.
Hiéronimus (R.). 1916.
Huguenet (F.). 1908, 09.
Joliet (A.). 1901, 02, 03, 04, 05, 06, 07, 08, 09, 10, 11, 12, 15.
Jouassain (Mme C.). **1902.**
Judith (Mme J.). **1905.**
Kalb (Mlle M.). 1901, 03, **04.**
Kolb (Mlle T.). 1901, 02, 03, 04, **04**, 05, 06, 07, 08, 09, 10, 11, 12, 13, 14, 15, 16.
Lafon (M. G.). 1907, 08, 09, 10, 11, 12, 13, 14, 15, 16.
Lafontaine (Mme V.). **1905.**
Lambert fils (R.). Voir : Albert-Lambert fils (R.).
Lara (Mme L.). 1901, 02, 03, 04, **04**, 05, 06, 07, 08, 09, 10, 11, 12, 13, 14, 15, 16.
La Roche (J.). **1904.**
Laty. 1901, 02, 03, 04, 05, 06, 07, 08.
Laugier (P.). 1901, 02, 03, **03**, 04, 05, 06.
Laumonier. 1902, 03.
Le Bargy (C.). 1901, 02, 03, **03**, 04, 05, 07, 08, 09, 11.
Leconte (Mlle M.). 1901, 02, 03, 04, **04**, 05, 06, 07, 08, 09, 10, 11, 12, 13, 14, 15, 16.
Lehmann (M.). 1916.
Leitner (J.). 1901, 02, 03, **03**, 04, 05, 06, 07, 08, 09, 10, 11, 14, 15, 16.
Leloir (L.). 1901, 02, 03, **03**, 04, 05, 06, 07, 08, 09.
Lerou (Mlle E.). 1901.
Le Roy (G.). 1908, 09, 10, 11, 12, 13, 14, 15, 16.
Lherbay (Mme). 1901, 02, 03, 04, 05, 06, 07, 08, 09, 10, 11, 12, 13, 14, (15), 16.
Lifraud (Mme Y.). 1907, 08, 09, 10, 11, 12, 13, 14, 15, 16.
Lynnès (Mlle M.). 1901, 02, 03, 04, 05, 06, 07, 08, 09, 10.
Maille (Mlle V.). 1904, 05, 06, 07, 08, 09, 10, 11, 12, 13, 14, 15, 16.
Malraison (Mlle L.). 1912, 13, 14.
Marsy (Mme M.-L.). **1905.**
Maubant (H.). **1902.**
Max (E. de). 1915, 16.
Mayer (H.). 1901, 02, 03, 04, 05, 06, 08, 09, 10, 11, 12, 13, 14, 15, 16.

(1) En 1904, voir : Gribouval. De 1905 à 1909, voir : Grandval.

MITZY-DALTI (Mlle). Voir : DALTI (Mlle MITZY-).
MORENO (Mme M.). 1901, 02, 03.
MORIÈRE (L.). 1904.
MOUNET (P.). 1901, 02, 03, **03**, 04, 05, 06, 07, 08, 09, 10, 11, 12, 13, 14, 15, 16.
MOUNET-SULLY (J.). 1901, 02, **03**, 05, 06, 07, 08, 09, 10, 11, 12, 13, 14, 15.
MÜLLER (Mlle M.). 1901, 02, 03, **04**, 05, 06, 07.
NIZAN (Mlle E.). 1915, 16.
NUMA (P.). 1906, 07, 08, 09, 10, 11, 12, 13. 14, 16.
PERSOONS (Mlle I.). 1901, 02, 03, 05, 06, 07, 08, 09.
PIÉRAT (Mme M.). 1902, 03, 04, 05, 06, 07, 08, 09, 10, 11, 12, 13, 15, 16.
PIERSON (Mlle B.). 1901, 03, 04, **04**, 05, 06, 07, 08, 09, 10, 11, 12, 14, 15, 16.
POLACK (A.). 1914, 15, 16.
PROVOST (Mme J.-E.). 1907, 08, 09, 10, 11.
PRUD'HON (C.). **1902.**
RAVET (H.). 1901, 02, 03, 04, 05, 06, 07, 08, 09, 10, 11, 12, 13, 14, 16.
RÉGNIER (Mme M.). 1901, 02.
REICHENBERG (Mme S.). **1905.**
RÉMY (Mlle J.). 1911, 12, 13, 14, 15, 16.
RÉVONNE (Mlle S.). 1910, 11, 12, 13.
REYNAL (R.). 1912, 13, 14.
RIQUER (Mlle E.). **1905.**
ROBINNE (Mme G.). 1907, 08, 09, 10, 11, 12, 13, 14, 15, 16.
ROCH (Mlle M.). 1903, 04, 05, 06, 07, 08, 09, 10, 11, 12, 14, 15, 16.
ROCHER (R.). 1916.
ROUSSEL (H.). 1904, 05, 06, 07.
ROUSSEL (Mme). 1912, 13, 14, 16.
SEGOND-WEBER (Mme C.-E.) Voir : WEBER (Mme C.-E.).
SIBLOT (C.). 1903, 04, 05, 06, 07, 08, 09, 10, 11, 12, 13, 14, 15, 16.
SILVAIN (E.). 1901, 02, **03**, 04, 05, 06, 07, 08, 09, 10, 11, 12, 15, 16.
SILVAIN (Mme L.). 1901, 02, 03, 04, 05, 06, 07, 09, 10, 12, 14, 15, 16.
SISOS (Mme R.). 1903, 04, 06.
SOREL (Mlle C.). 1901, 02, 03, 04, 05, 06, 07, 08, 09, 10, 12, 13, 14, 15, 16.
TALBOT (D.-S.). **1904.**
TRUFFIER (J.). 1902, 03, **03**, 04, 05, 06, 07, 08, 09, 10, 11, 12, 13.
VALPREUX (Mlle C.). 1914, 15, 16.
VAUDRY. 1907, 08.
VILLAIN (F.). 1902, 03.
WEBER (Mme C.-E.) (1). 1901, 02, 03, 04, **04**, 05, 06, 07, 08, 09, 10, 11, 12, 14, 15, 16.
WORMS (G.). **1901.**
WORMS (J.). 1911, 12.

(1) De 1901 à 1907, voir : Segond-Weber.

TABLE DES MATIÈRES

Pages.

Tableau de l'administration 1
Conseil judiciaire. — Liste alphabétique des sociétaires........ 2
Liste alphabétique des pensionnaires........ 5
Liste alphabétique des coryphées. — Sociétaires par rang d'ancienneté........ 7
Pensionnaires par rang d'ancienneté. — Coryphées par rang d'ancienneté. — Sociétaires retraités........ 8
Anciennes sociétaires. — Premières représentations........ 9
Débuts. — Divorce. — Nécrologie. — Pièces reçues par la Commission de lecture. 10
Faits et événements importants........ 11
Table alphabétique des pièces........ 30
Table alphabétique des auteurs et de leurs pièces........ 34
Interprétations de toutes les pièces jouées dans l'année........ 42
Table alphabétique des artistes........ 77
Extrait du registre des représentations journalières........ 95
Représentations en province et à l'étranger. Table alphabétique des pièces...... 116
Représentations en province et à l'étranger. Table alphabétique des auteurs et de leurs pièces........ 117
Représentations en province et à l'étranger. Interprétations de toutes les pièces jouées au cours de ces représentations pendant l'année........ 118
Représentations en province et à l'étranger. Table alphabétique des artistes...... 119
Représentations en province et à l'étranger........ 120
Table alphabétique générale de toutes les pièces représentées depuis 1901........ 123
Table alphabétique générale des auteurs et de leurs pièces........ 129
Table alphabétique générale des artistes 137

PARIS
TYPOGRAPHIE PLON-NOURRIT ET Cie
8, RUE GARANCIÈRE — 6e

www.ingramcontent.com/pod-product-compliance
Lightning Source LLC
LaVergne TN
LVHW012007220826
846092LV00001B/265
* 9 7 8 2 3 2 9 7 7 7 3 0 6 *